有元葉子の揚げもの

家で作ってこそ、まっとうでおいしい

東京書籍

contents

4 ……… はじめに
6 ……… おいしく作る 揚げものの秘訣

12 ……… ブロッコリーとミニトマトのフリット
14 ……… 細切り野菜のフリット
16 ……… じゃがいものフリット4種
　　　　　　厚切りポテト
　　　　　　くし形ポテト
　　　　　　薄切りポテト
　　　　　　細切りポテト
18 ……… 揚げかぼちゃのガーリック風味
20 ……… 揚げさやいんげんのおかかじょうゆ
21 ……… ひき肉詰めれんこんの素揚げ
22 ……… 夏野菜の揚げびたし&そうめん
24 ……… 揚げ野菜とひき肉のカレー&玄米ご飯
26 ……… さつまいもの丸ごと揚げ
27 ……… ゴーヤと桜えびのチップス
28・31 ……… 揚げアルファルファ&ナッツのせ冷奴
29・31 ……… カリカリじゃこのパスタ
30 ……… アルファルファ、ナッツ、じゃこの素揚げ

32 ……… 揚げ豆腐 山椒風味
34 ……… 揚げ出し豆腐
36 ……… 揚げ卵のしょうゆがらめ
37 ……… 揚げかまぼこと長ねぎのあえもの

38 ……… 揚げ豚
40 ……… シンプル肉団子
42 ……… なすのひき肉詰め 揚げびたし
44 ……… レモングラスのひき肉詰め揚げ
46 ……… 手羽先のひき肉詰め ごま揚げ
48 ……… 鶏のバリバリ
50 ……… 鶏のから揚げ
52 ……… 鶏手羽、砂肝、ハツのから揚げ にんにくじょうゆあえ

※計量単位は、1カップ＝200㎖、大さじ1＝15㎖、小さじ1＝5㎖です。
※ガスコンロの火加減は、特にことわりのない場合は中火です。
※塩は自然塩、こしょうは粗びき黒こしょうを使います。
※メープルシロップはエキストラライトを使います。

頁	料理名
54	さばの竜田揚げ
56・58	豆あじの南蛮漬け
57・59	いわしのカレー風味マリネ
60	えびのから揚げ 甘酢ソース
62	いかのから揚げ ベトナム風
65	あじとごぼうのさつま揚げ
67	えびと里芋のさつま揚げ
68	いかのさつま揚げ
70・72	じゃがいものコロッケ
71・73	そら豆のコロッケ
74	キャベツメンチ
76	きのこの豚肉巻きフライ
78	カツサンド
80	ラムカツ ミニトマトといっしょに
82・85	薄切りビーフカツ
83・85	シーフードフライ グリーンアイオリソース
86	玄米アランチーノ
90・92	えびと三つ葉のかき揚げ
91・93	貝柱とそら豆のかき揚げ
94	いろいろ野菜のかき揚げ
96	桜えびと長ねぎの春巻
98	かきの春巻
100	ベトナム風ごちそう春巻
102	卵をまとった和風春巻
103	バナナの春巻 あんずソース
104	揚げ餅のおろしじょうゆ
105	揚げ餅のメープルシロップがけ
106・108	ふんわりドーナツ メープル風味
107・109	かぼちゃのドーナツ シナモン風味

はじめに

　揚げものは身体に悪くないかな、でもやっぱり食べたい。その魅力に抗しがたく、揚げものを買ってくる方が実に多いこのご時世。我が家で揚げものを食べた方たちから言われたこと。「どうしてこんなにおいしいの？　たくさん食べても身体が重たく感じない」「いつ食べてもカリッ、サクッ。何が違うんでしょう」「胆石持ちだから、外食やテイクアウトで揚げものを食べると痛くなっちゃう、でも、有元先生の揚げものは、いくら食べても全然大丈夫。なぜ？」。うちの揚げものにまつわるそんなこんなで、その気はないのに、いつの間にやら揚げもの研究家にさせられてしまった私です。どうしても揚げもの本を、ということでこの本の刊行に至りました。

　この本を作る際にしたお約束は、揚げ油はエキストラバージンオリーブオイルか上質のごま油のみをふんだんに使用する、ということです。実はこれがとびきりおいしくて、身体に害のない揚げものを作る「たったひとつの秘密」だからです。

　自分で揚げるとカリッと揚がらない、冷めたらベチャッとして不味くなる、という方は、上質なエキストラバージンオリーブオイルで揚げてみて下さい。揚げ方に神経質にならず、いつもと同じに普通に揚げればよいのです。油を変えただけで、おいしくカリッと上手に揚がることを体験できるはず。これは揚げ方の上手下手ではなく、オリーブオイルがもつ抗酸化物質のなせる業です。ですからうちの揚げものがおいしく、身体に負担がない理由はただひとつ、よいオイルを使うからなのです。

　よいオイルを使えば特に技術らしい技術はいりません。油の香りが悪くなり、揚げている最中に泡が出てくるようになったら、もう油の寿命、と心得ましょう。サラダ油や天ぷら油よりエキストラバージンオリーブオイルの方がその寿命は長い。それだけ酸化が遅いということです。酸化していなければサクッとしてオイルの香りもよく、長くおいしい状態で使えます。値は張りますが、身体のこと、味のことを考えれば、どちらがお得かしら。

　素材に気を使った本当においしい揚げものは、家で楽しむもの。そう心得て、ぜひご自宅で揚げて楽しんで下さい。

有元葉子

おいしく作る
揚げものの秘訣

揚げ油のこと

　繰り返し揚げものを作ってきて、最終的に揚げものに向いていると本当に思えたのが、オリーブオイルと玉締め一番搾りごま油。オリーブオイルはカリッ、サクッと香ばしく仕上がり、数回使い回してもおいしくきれいに揚がります。オリーブオイルの香りよりごま油の香りを生かしたいという和風や中華風の料理には、玉締め一番搾りごま油。色が薄くすっきりと軽やかなタイプのごま油が揚げものには向いています。

道具のこと

　揚げるための道具は、揚げ鍋と深めのフライパン。私の考案した揚げ鍋は、深さがあって下がすぼまった形のもの。深さがあるとかたまり肉や大ぶりのコロッケなども揚げられるし、ガス台のまわりが汚れません。2度揚げや油きりに便利な揚げカゴ、油はね防止ネットは、あるとないとでは大違い。少量を揚げるときや薄い素材を揚げるときは、やや小ぶりの深めのフライパンでもよいでしょう。どちらも鉄製。

　材料や衣を混ぜるための大小のボウルと大きめのスプーン、太めで長い天ぷら箸、角ザルつきバットも必需品。天ぷら箸は、先の方は油の中に入れ、持ち手の太い方で衣をつける、と両端を上手に使います。角ザルつきバットは、揚げたものの油をきる道具としてだけでなく、下ごしらえをした材料を入れておく、余分な粉を落とすなどさまざまな使い方ができるので、何枚か持っていると便利です。

油の温度

揚げ油の温度は大きく分けて低温、中温、高温。菜箸を使ってチェックします。乾いた菜箸を熱した油の中に入れ、菜箸の先から出る泡の状態を見ます。低温は150〜160℃で、菜箸を入れてしばらくしてからゆっくりと細かい泡が出てくる状態。中温は170℃前後で、菜箸を入れたらすぐに細かい泡が上がってくる状態。高温は180〜190℃で、菜箸全体から勢いよく細かい泡がたくさん出てくる状態。この本では、中温から揚げるレシピがほとんど。低温から揚げるレシピもあります。

低温　　　中温　　　高温

油がまだ冷たいうちから
揚げていくものもあります

ゆっくりじっくり火を通したい根菜や芋類、ナッツ、かたまり肉などは、油がまだ冷たいうちに、もしくはぬるいうちに入れて揚げはじめます。揚げていくうちに徐々に温度が上がり、中まで火が入るころにはおいしそうな揚げ色がつきます。18ページ「揚げかぼちゃのガーリック風味」、26ページ「さつまいもの丸ごと揚げ」、38ページ「揚げ豚」など。

油の中にぎっしり入れて
揚げていくものもあります

通常は、たくさんの量を一度に入れると油の温度が下がって仕上がりがベタついてしまいますが、鶏のから揚げ、春巻など低温から素揚げしていくものは例外。徐々に温度が上がっていくので、心配ありません。はじめはいじらず、表面に火が通ってきたら上下を返し、火の通りが均一になるように調整します。18ページ「揚げかぼちゃのガーリック風味」、50ページ「鶏のから揚げ」、52ページ「鶏手羽、砂肝、ハツのから揚げ　にんにくじょうゆあえ」など。

2度揚げで、
サクッと香ばしく

　メンチカツやトンカツ、なすのはさみ揚げ、包み揚げなど、中まで火を通そうとしてずっと揚げていると、まわりが焦げてしまいます。そして食べてみるとパサパサ。そんな失敗をなくすには、2度揚げがおすすめです。ある程度まで揚げたらいったん引き上げ、余熱で中まで火を通し、その後もう一度高温の油に入れてきつね色になるまでさっと揚げます。これで、表面はカラリ、中はジューシーな仕上がりになります。肉以外でも、カリッとさせたい、サクッとさせたいときは、この方法で。

2つの鍋を
使うこともあります

　揚げ鍋の中にセットできる揚げカゴがない場合や、一度にたくさんのかき揚げやフライを作るときなどは、2つの揚げ鍋を並べて使うこともあります。ひとつの鍋には中温の油、もうひとつに鍋には高温の油。まずは中温の油である程度まで揚げ、油をきってから高温の油の中に入れてさっと揚げて引き上げます。この方法だと揚げ油の温度が下がることなく、余分な水分が飛んでカラリと仕上がります。これはたくさんの揚げものをするときの効果的なテクニックです。

揚げ油を無駄なく上手に使います

　どんなものを揚げるかによって油の使用頻度は違ってきます。野菜を素揚げするだけならあまり油が汚れないので2回は使い回せます。下味をつけた肉や魚介は油が汚れやすいので1回、砂糖を使ったもの（下味に使ったり、ドーナツなど）も汚れやすいので1回。私は、野菜→皮ごとの芋類→肉や魚介の順に3回使い回しておしまいにします。ただし、揚げ油がどろっとなってきたり、酸化したにおいがしたら、すぐにおしまいに。この本で使った油（オリーブオイル、玉締め一番搾りごま油）は2〜3度使い回すことができますが、サラダ油を使う場合は、どんなものを揚げたかに関係なく1回でおしまいに。熱したときに泡やアクの出方が多ければ、避けた方がよいでしょう。

1回目の油
野菜の素揚げや
軽い衣つきの揚げものに。
コロッケ、天ぷらなどに使えば
なおおいしい。

2回目の油
フライやコロッケ、天ぷらなど、
衣のついた揚げものに。

3〜4回目の油
3〜4回目の捨てる前の油で
皮つきの芋類、
かたまり肉などを揚げる。

一度使った油は漉す
一度使った油は冷まし、ペーパータオルを敷いた網で漉し、
そのあとに使い回します。

素揚げ、から揚げ、衣揚げ

　揚げものにはいろいろな種類がありますが、大別すると、素揚げ、から揚げ、衣揚げに分けられます。素揚げは、何もつけないで素材をそのまま油に入れる揚げもの。野菜、ゆで卵、肉団子、殻つきのえびなどのほか、春巻、さつま揚げなど。素材の味をストレートに感じることができるのが魅力です。から揚げは、下味をつけた肉や魚介に小麦粉や片栗粉などの粉類をまぶしつけて揚げたもの。素材の表面の水分と粉が結びついて衣代わりとなり、素材の水分を逃すことなくカリッと揚がります。竜田揚げも同様。南蛮漬け、マリネなどにも向いています。衣揚げは、フライ（パン粉揚げ）、てんぷらに代表される揚げもの。小麦粉＋溶き卵＋パン粉のフライ衣や、小麦粉＋冷水＋溶き卵の天ぷら衣をつけて揚げることにより、素材と衣と油のおいしさが一体となった味わいが楽しめます。

　同じ肉料理であっても、素揚げ、から揚げ、衣揚げによってまったく違うおいしさが堪能できるのが揚げものの醍醐味です。

パン粉のこと

　トンカツやフライなどに使うパン粉は、好みのもので結構です。生パン粉はボリューム感を出したいときやサクサクの食感をより楽しみたいときに。ドライパン粉は生パン粉より水分が少ないので、サクッとカリッの両方の食感が楽しめます。

　パン粉を細かくして使うのもおすすめ。細かくすると素材の火の通りが早く、油ぎれがよくなります。やわらかい食感のものを揚げるとき、やさしい味のソースと組み合わせたいとき、レストラン風に仕上げたいときなどに。作り方は簡単。パン粉をフードプロセッサーで撹拌して細かくするだけです。

材料・作りやすい分量

ミニトマト ……………………………………… 10個
ブロッコリー …………………………………… ½個
卵白 ……………………………………………… 1個分
パン粉（目が細かいもの）＊ …………………… 適量
揚げ油（オリーブオイル） …………………… 適量
塩 ………………………………………………… 少々
＊パン粉はフードプロセッサーで撹拌して細かくする。

1　ミニトマトはヘタをとる。ブロッコリーは小房に分ける。
2　ボウルに卵白を入れて切るようにしてほぐし、ミニトマトを加えてからめ、パン粉をまぶしつける。ブロッコリーも卵白のボウルに入れ、つぼみの間にもつくように、もむようにしてからめ、パン粉をつける。
3　揚げ油を中温に熱し、ミニトマトを入れ、30秒ほど揚げ、角ザルを敷いたバットにとり、油をきる。続いてブロッコリーを入れ、カリッとするまで1～2分かけて揚げ、角ザルを敷いたバットにとり、油をきる。
4　熱いうちに塩をふる。

ブロッコリーと
ミニトマトのフリット

フリットは"揚げる"という広い意味ですが、ここでは卵白と目の細かいパン粉を薄くまぶしてオリーブオイルでさっと揚げます。
軽い口当たりが魅力です。

細切り野菜のフリット

野菜はオリーブオイルでゆっくりと揚げると、カリッと香ばしい！
ここでは細切りにして揚げ、揚げたてに塩とスパイスをからめます。
冷めてもおいしいので、ビールのおつまみなどに最適です。

 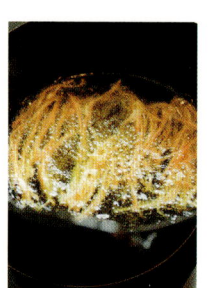  

材料・作りやすい分量
にんじん ………………………………… 大1本
オクラ …………………………………… 1袋
さやいんげん …………………………… 1パック
卵白 ……………………………………… 2個分
小麦粉 …………………………………… 適量
揚げ油(オリーブオイル) ……………… 適量
塩 ………………………………………… 適量
コリアンダーパウダー、
　クミンパウダー、粗びき黒こしょう …… 各少々

1　にんじんは細切りにする。オクラはガクのまわりを切りとり、縦に細く切る。さやいんげんは縦半分に切る。
2　ボウルに卵白を入れて切るようにしてほぐし、にんじんを加えてからめ、バットに移して小麦粉をまぶす。オクラ、さやいんげんも同様にする。
3　揚げ油を中温に熱し、にんじんを入れ、にんじん同士がつかないように箸で混ぜ、油の泡が出なくなってカリッとするまで揚げる。角ザルを敷いたバットにとり、油をきる。同様にしてオクラ、さやいんげんも揚げ、角ザルを敷いたバットにとり、油をきる。
4　にんじんには塩とコリアンダーパウダー、オクラには塩とクミンパウダー、さやいんげんには塩と粗びき黒こしょうをふる。

じゃがいものフリット4種

同じ野菜でも切り方を変えるだけで
味わいが違ってくる、これがフリットの魅力。
ここではじゃがいもを使い、4つのフリットを作ります。
いずれも、ときどきすくって空気に触れさせながら
揚げると、カリッと揚がります。

材料・共通
じゃがいも ………………………………… 適量
揚げ油（オリーブオイル）………………… 適量
塩 …………………………………………… 少々

厚切りポテト
じゃがいも本来の味と香りが楽しめる

1　皮つきのまま1cm厚さに切って水にさらし、ザルに上げる。塩を入れた湯で5分ほどゆで、ゆで汁をきってペーパータオルで水気をとる。
2　揚げ油を中温に熱し、1を入れ、ときどき返しながらきつね色にカラリと揚げる。2度揚げするとカリッとなる。角ザルを敷いたバットにとり、油をきる。
3　熱いうちに塩をふる。

くし形ポテト
じゃがいもならではの、ホクホク感と甘さ

1　皮をむいて細めのくし形に切り、水にさらし、ザルに上げる。塩を入れた湯で5分ほどゆで、ゆで汁をきってペーパータオルで水気をとる。
2　揚げ油を中温に熱し、1を入れ、ときどき混ぜながらきつね色にカラリと揚げる。2度揚げするとカリッとなる。角ザルを敷いたバットにとり、油をきる。
3　熱いうちに塩をふる。

薄切りポテト
カリッと香ばしい、自家製ポテトチップス

1　皮つきのままスライサーで薄切りにし、水にさらす。ザルに上げ、ペーパータオルで水気をとる。
2　揚げ油を中温に熱し、1を入れ、ときどき混ぜながらカリッとするまで揚げる。2度揚げするとカリッとなる。角ザルを敷いたバットにとり、油をきる。
3　熱いうちに塩をふる。

細切りポテト
冷めてもカリカリ。トッピングにもおすすめ

1　皮をむいてスライサーで薄切りにし、さらに細切りにして水にさらす。ザルに上げ、ペーパータオルで水気をとる。
2　揚げ油を中温に熱し、1を入れ、じゃがいも同士がくっつかないように箸で混ぜ、油の泡が出なくなってカリッとするまで揚げる。角ザルを敷いたバットにとり、油をきる。
3　熱いうちに塩をふる。

揚げかぼちゃのガーリック風味

かぼちゃの煮ものが苦手という人にも
これなら！と好評の
カリッとした歯応えのかぼちゃレシピ。
表面の水分を蒸発させるように、
2度揚げするのがポイントです。

材料・作りやすい分量
かぼちゃ ………………………………… ⅛個
にんにく ………………………………… 2かけ
揚げ油（オリーブオイル） ……………… 適量
ガーリックパウダー ……………………… 適量
塩 ………………………………………… 適量

1 かぼちゃは種とワタをとって2cm厚さに切る。かぼちゃの頂点から頂点にきっちり包丁を入れて切ろうとせず、頂点から少し斜めにずらしてくし形に切り、次はもう一方の頂点から少しずらしてくし形に切る。これを繰り返して同じくらいの厚さに切りそろえるとよい。

2 にんにくは縦薄切りにする。

3 揚げ油を低温に熱し、にんにくを入れ、きつね色にカリッと揚げる。油をきってボウルに入れる。

4 3の揚げ油の火をいったん止めて温度を下げ、かぼちゃを入れ、低温から揚げていく。はじめはいじらず、表面が色づいてきたらときどき向きを変える。火が通ったら揚げ油からとり出し、再び揚げ油に入れて2度揚げする。

5 油をきって3のボウルに加え、ガーリックパウダーと塩を加えてまぶす。

揚げさやいんげんのおかかじょうゆ

おかかじょうゆであえた、ご飯のおかず。
さやいんげんは表面がしわしわになるくらいしっかりと揚げるとおいしい！
モロッコいんげん、ししとう、ピーマンで作っても。

材料・作りやすい分量
さやいんげん 200g
揚げ油（オリーブオイルまたはごま油）............... 適量
削り節 .... 4〜5g
しょうゆ .... 少々

1　さやいんげんは洗って水気をしっかりと拭く。
2　ボウルに削り節を入れ、しょうゆを加えて少ししっとりさせる。
3　揚げ油を中温よりやや高めに熱し、**1**を入れ、表面がしわしわになるまで揚げる。
4　油をきって**2**のボウルに加え、混ぜ合わせる。

ひき肉詰めれんこんの素揚げ

れんこんの穴にひき肉を詰めて素揚げした、シンプルなレシピ。
ひき肉のうまみとれんこんの甘さが絶妙。飽きずにいくらでも食べられます。
れんこんは太くてしっかりとした旬のものを使います。

材料・3～4人分
鶏ひき肉 .... 200～250g
れんこん 2節
揚げ油（オリーブオイルまたはごま油）........ 適量
練り辛子、しょうゆ........................ 各適量

1　バットに鶏ひき肉を入れ、れんこんの切り口を押し当て、全部の穴にひき肉を詰める。
2　**1**を1～2cm厚さに切る。
3　揚げ油を中温に熱し、**2**を入れてじっくりと揚げる。角ザルを敷いたバットにとり、油をきる。
4　器に盛り、しょうゆをかけ、練り辛子を添える。

夏野菜の揚げびたし & そうめん

旬の夏野菜をとり合わせて、大鉢いっぱいの揚げびたしに。
揚げびたしのつゆが、そうめんのつけつゆになります。
たっぷりの野菜がとれる充実したそうめん料理。
ししとう、ゴーヤ、ごぼう、アスパラガスなどを加えても。

材料・4人分

めんつゆ（作りやすい分量）
- だし汁 …………………………… 2カップ
- 酒 ………………………………… 1/5カップ
- みりん …………………………… 1/3カップ
- しょうゆ ………………………… 1/2カップ

かぼちゃ …………………………… 1/4個
なす ………………………………… 2個
新しょうが ………………………… 4〜5本
ピーマン …………………………… 4個
さやいんげん ……………………… 70g
揚げ油（オリーブオイルまたはごま油） …… 適量
みょうがの小口切り ……………… 適量
青じそのせん切り ………………… 適量
そうめん …………………………… 適量

1　めんつゆを作る。鍋に酒とみりんを入れて火にかけて煮きり、しょうゆを加えてひと煮立ちさせ、だし汁を加えて再びひと煮立ちさせて火を止める。ボウルに移して冷ましておく。

2　かぼちゃは薄いくし形に切り、なすは縦半分に切って斜め薄切りにする。新しょうがは斜め切りにし、ピーマンは縦4〜6つのそぎ切りにして種をとる。

3　揚げ油を中温に熱し、油がまだぬるいうちにかぼちゃを入れ、徐々に温度を上げながらカラリと揚げる。油をきって1のめんつゆにつける。なす、みょうが、ピーマン、さやいんげんも同様にして揚げ、めんつゆに入れ、少しおいて味をなじませる。

4　そうめんはたっぷりの熱湯でゆで、流水でよく洗い、氷とともに器に盛る。

5　器に3を盛り、みょうがと青じそをのせる。4を添える。

揚げ野菜とひき肉のカレー＆玄米ご飯

ひき肉でカレーそぼろを作り、揚げ野菜を混ぜれば、できあがり。
作りおきのできるカレーそぼろは、揚げ野菜とよく合います。
粉のスパイスの代わりにカレー粉を使っても。

材料・作りやすい分量
豚ひき肉 …………………………… 300g
オリーブオイル …………………… 適量
粒のスパイス
　マスタードシード ……………… 小さじ½
　クローブ ………………………… 小さじ½～1
　赤唐辛子のみじん切り ………… 1～2本分
にんにくのみじん切り …………… 2片分
しょうがのみじん切り …………… 2片分
長ねぎのみじん切り ……………… ½本分
　（または玉ねぎのみじん切り½個分）
しょうゆ …………………………… 大さじ3½～4
粉のスパイス
　クミンパウダー ………………… 大さじ1～2
　ターメリック …………………… 大さじ1
　シナモンパウダー ……………… 大さじ1
　クローブ ………………………… 小さじ½～1
　コリアンダーパウダー ………… 小さじ½～1
塩、こしょう ……………………… 各適量
揚げ野菜
　オクラ …………………………… 10本
　なす ……………………………… 3～4本
　パプリカ（赤、黄） …………… 各1個
　揚げ油（オリーブオイル） …… 適量
紫玉ねぎの塩もみ ………………… ½個分
玄米ご飯 …………………………… 適量

1　鍋にオリーブオイルを熱して粒のスパイスを炒め、香りが出たらにんにく、しょうが、長ねぎを加えてさらに炒め、豚ひき肉を加えてさらによく炒める。

2　**1**にしょうゆを加えて炒め、粉のスパイスを加えて汁気がなくなるまでよく炒める。塩、こしょう、好みのスパイス（分量外）で味を調える。

3　揚げ野菜を作る。オクラは竹串で数ヶ所穴をあける。なすはひと口大の乱切りにし、パプリカもひと口大の乱切りにする。揚げ油を高温に熱し、それぞれさっと素揚げする。角ザルを敷いたバットにとり、油をきる。

4　紫玉ねぎは4等分にし、繊維を切るように5mm～1cm幅に切り、塩適量で塩もみし、水気をきる。

5　**2**のひき肉カレーの鍋に**3**の揚げ野菜と**4**を加え、なじませるように混ぜ合わせる。

6　器に盛り、玄米ご飯を添える。

さつまいも＆
アイスにしても…

アツアツのさつまいもにバニラアイスクリームをのせてデザートに。

さつまいもの丸ごと揚げ

野菜を揚げたあとの揚げ油を使った、さつまいもの素揚げです。
油が低温のうちに入れ、じっくりと揚げていくのがポイント。
手で割って、アツアツをほおばるのが最高！

材料・作りやすい分量
さつまいも（安納芋）............................ 4個
揚げ油（オリーブオイル）............................... 適量

1　さつまいもは洗って水気を拭く。
2　鍋にさつまいもがかぶるくらいの揚げ油を入れて火にかけ、すぐに1を加え、徐々に温度を上げながらじっくりと揚げていく。
3　竹串を刺してみて、スーッと通るようになったら揚げ上がり。角ザルを敷いたバットにとり、油をきる。
4　手で割って器に盛る。このまま、またはバター（分量外）をのせていただく。

玄米ご飯にのせても…

玄米ご飯にゴーヤと桜えびのチップスをのせてもよく合う。

ゴーヤと桜えびのチップス

ゴーヤ、桜えびともに、パリッとするまで揚げるのがポイント。
ゴーヤは苦みが減り、桜えびはうまみがギュッと凝縮します。

材料・作りやすい分量
ゴーヤ ……………………………………… ½本
桜えび ……………………………………… 60g
揚げ油（オリーブオイルまたはごま油）……………… 適量
塩 …………………………………………… 少々

1　ゴーヤはワタと種をとり、ごく薄く切る。
2　揚げ油を低めの中温に熱し、ゴーヤを入れ、パリッとするまでゆっくりと揚げる、角ザルを敷いたバットにとり、油をきり、塩をふる。
3　2の中温の揚げ油に桜えびを入れ、パリッと香ばしくなるまで揚げる。角ザルを敷いたバットにとり、油をきり、塩をふる。

揚げアルファルファ＆ナッツのせ冷奴

作り方は31ページ

カリカリじゃこのパスタ

作り方は31ページ

アルファルファ、ナッツ、じゃこの素揚げ

じっくり揚げたアルファルファはパリパリ、ナッツはカリッと香ばしく、じゃこはカリカリ。
まとめて揚げておき、玄米ご飯やパスタに混ぜたり、豆腐やサラダのトッピングなどに使います。

材料・作りやすい分量
アルファルファ ……………………………… 2パック
松の実* ……………………………………… 1袋
じゃこ ………………………………………… 1袋
揚げ油（オリーブオイル） ………………… 適量
＊松の実のほか、カシューナッツなどでも。

1　アルファルファを揚げる。揚げ油を火にかけ、低温のうちにアルファルファを入れ、ときどき箸でほぐしながら、パリパリになるまでゆっくりと揚げる。ペーパータオルと角ザルを敷いたバットにとり、油をきる。

2　松の実を揚げる。1の揚げ油を冷まし、低温のうちに松の実を入れ、きつね色にカリッと揚げる。ペーパータオルと角ザルを敷いたバットにとり、油をきる。

3　じゃこを揚げる。2の揚げ油にじゃこを入れ、きつね色にカリッとなるまで揚げる。ペーパータオルと角ザルを敷いたバットにとり、油をきる。

揚げアルファルファ＆ナッツのせ冷奴

揚げたアルファルファはほろ苦く、不思議な食感。
香ばしい松の実とともに豆腐の上にたっぷりとのせていただきます。

材料・4人分
豆腐（木綿または絹ごし） ……………… 1丁
しょうがのみじん切り ………………… 1かけ分
にんにくのみじん切り ………………… 1かけ分
しょうゆ ……………………………… 大さじ2
アルファルファの素揚げ ……………… 1パック分
松の実の素揚げ ………………………… ½袋分
豆板醤 …………………………………… 適量

1　豆腐を4等分にして器に盛り、しょうが、にんにくをのせ、しょうゆをかける。
2　アルファルファの素揚げをのせ、松の実の素揚げを散らし、豆板醤を添える。

カリカリじゃこのパスタ

じゃこの香ばしさとうまみでいただく、シンプルな1品。
いつ食べても飽きない、また食べたくなるおいしさ。
スパゲッティは細めのものがよく合います。

材料・2人分
スパゲッティ …………………………… 160g
オリーブオイル ………………………… 適量
にんにくのみじん切り ………………… 1かけ分
赤唐辛子のみじん切り ………………… 1本分
じゃこの素揚げ ………………………… ½カップ強
イタリアンパセリのみじん切り ………… 少々

1　スパゲッティは塩適量（分量外）を加えた湯でゆではじめる。
2　フライパンにオリーブオイル大さじ1とにんにくを入れて火にかけ、じっくりと炒めて香りを出し、赤唐辛子を加えてさらに炒める。
3　スパゲッティがゆで上がったらゆで汁をきって2に加え、じゃこの素揚げを加えて混ぜ、イタリアンパセリ、オリーブオイル大さじ1を加えて手早くあえる。
4　器に盛り、オリーブオイル少々をふる。

揚げ豆腐 山椒風味

きつね色に揚げた豆腐に、スパイスをきかせて酒の肴に仕立てます。
スパイスは好みのものでよいですが、粉山椒は必須。
山椒のピリッとした辛さと香りが大好き。紹興酒、ビールによく合います。

材料・3〜4人分
木綿豆腐（しっかりとしたもの）……………… 2丁
揚げ油（オリーブオイルまたはごま油）……… 適量
ごま油 ……………………………………… 大さじ1½
にんにくのみじん切り ……………………… 1かけ分
赤唐辛子の小口切り ………………………… 適量
塩 …………………………………………… 適量
粉山椒 ……………………………………… 適量

1 豆腐はバットに入れて重石をし、⅔程度の厚さになるまでしっかりと水きりをする。
2 1を16等分にし、ペーパータオルの上においてさらに水気をとる。
3 揚げ油を低温に熱し、2を入れ、徐々に温度を上げながらきつね色にカラリと揚げる。角ザルを敷いたバットにとり、油をきる。
4 中華鍋にごま油とにんにくを入れて火にかけ、香りが立ったら赤唐辛子を加えてさらに香りを出す。3を入れ、塩、粉山椒の順に加えてからめる。

揚げ出し豆腐

豆腐に小麦粉を着せかけるようにして
たっぷりとつけるのがポイント。
揚げ油は、豆腐がかぶるくらいの量に。
豆腐が油の中で泳がないようにします。

材料・作りやすい分量

木綿豆腐	2丁
小麦粉	適量
揚げ油（オリーブオイルまたはごま油）	適量
めんつゆ（22ページ参照）	適量
大根おろし	1カップ
青じそのせん切り	10枚分

1 豆腐は角ザルを敷いたバットにのせて自然に水きりし、4等分に切る。

2 バットに小麦粉を山のように入れ、**1**の豆腐をおき、小麦粉をまわりと上からたっぷりとつける。

3 揚げ油を中温に熱し、**2**の豆腐を網じゃくしの上にのせて静かに入れ、あまりさわらないようにしてきつね色になるまで揚げる。角ザルを敷いたバットにとり、油をきる。

4 大根おろしは水気をきる。

5 器に**3**の豆腐を盛り、めんつゆをかけ、大根おろしと青じそをのせる。

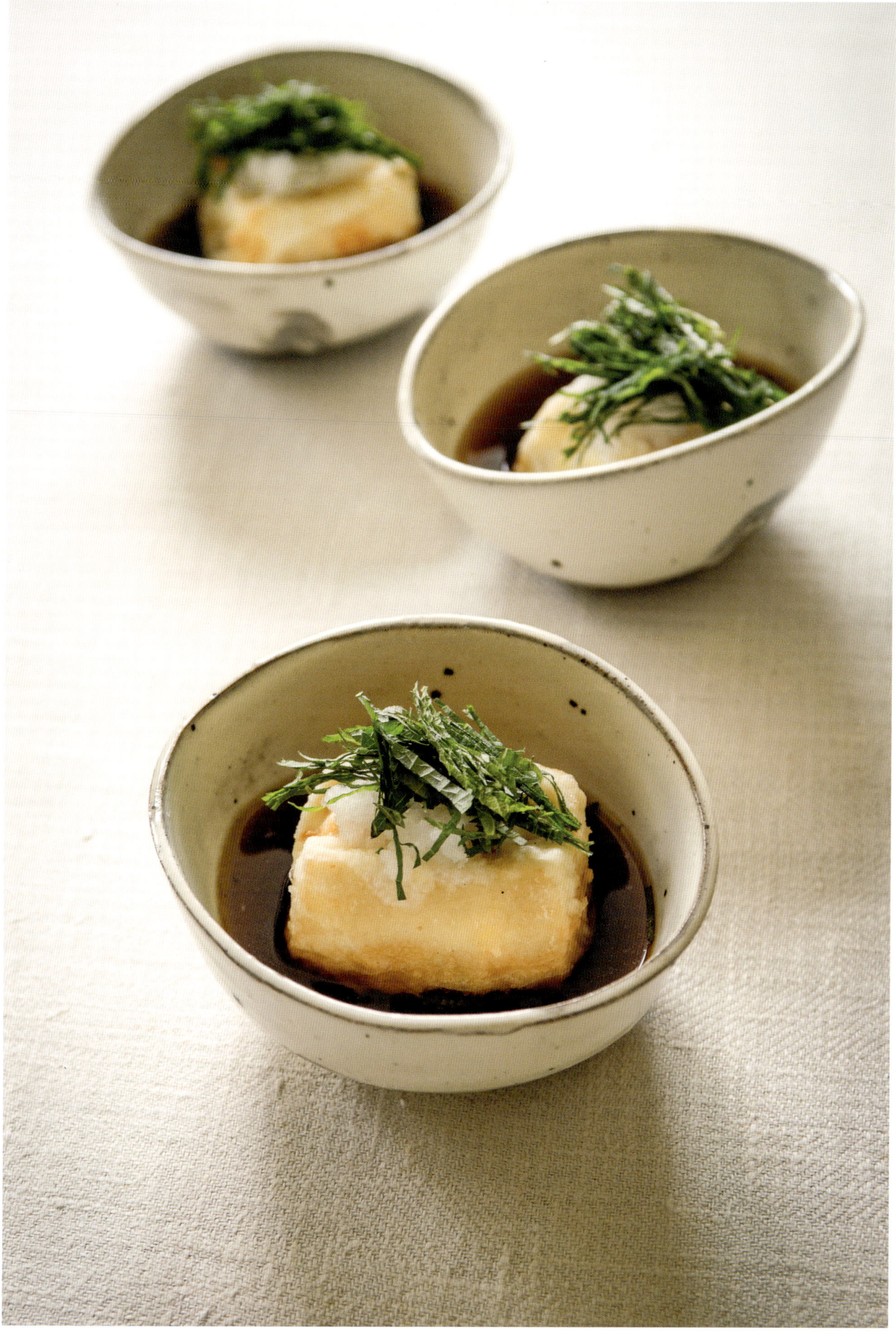

揚げ卵のしょうゆがらめ

ゆで卵を素揚げして、揚げたてにしょうゆをたらり。
これだけでおいしいのは、オリーブオイルのおかげ。
酒の肴やお弁当のおかずに、もってこい。

ご飯にのせても…
これだけでご飯のおかずになるから不思議。白いご飯にも玄米ご飯にも合う。

材料・作りやすい分量
卵	5個
うずら卵	10個
揚げ油（オリーブオイル）	適量
しょうゆ	適量

1 卵とうずら卵はそれぞれゆで、殻をむき、ペーパータオルで水気を拭く。

2 揚げ油を中温に熱し、**1**を入れ、きつね色になるまで揚げる。油がはねるようなら、油はね防止ネットをのせる。

3 油をきってボウルに移し、しょうゆを回しかけ、卵の表面にからめる。

揚げかまぼこと長ねぎのあえもの

お正月のかまぼこが残ったときに作ってみたのが最初。
かまぼこにはしっかり味がついているので、
味つけはしょうゆをたらす程度でOK。
酒の肴にぴったりです。

材料・作りやすい分量
かまぼこ ……………………………………… 1本
長ねぎ ………………………………………… 2〜3本
揚げ油（ごま油） …………………………… 適量
しょうゆ ……………………………………… 適量

1　かまぼこはごくごく薄く切る。長ねぎは芯の部分を除き、細切りにする。
2　揚げ油を中温に熱し、かまぼこを入れ、縁がカリッとするまで揚げる。網でとり出してボウルに入れる。
3　2にしょうゆ、長ねぎの順に加えてあえる。

揚げ豚

野菜やいも類、フライなどを揚げたあとの
捨てる前の油を使った、豚肉の素揚げです。
豚肉をかたまりのままじっくりと揚げて中まで火を通し、
しょうゆをからめて薄切りに。肉の臭みや脂っこさが抜けて
思いのほか、さっぱりとした食感。

材料・作りやすい分量
豚肩ロースかたまり肉 ………………… 600gくらい
揚げ油（オリーブオイル） ……………… 適量
粗びき黒こしょう ………………… 適量
しょうゆ ………………………… 適量
キャベツ（手でちぎったもの） ………… 適量

1 深鍋に豚肉を入れ、揚げ油を豚肉の½〜⅓が浸るくらいまで注ぎ入れ、火にかける。徐々に温度を上げながら20分ほどじっくりと揚げる。途中、下半分に揚げ色がついたら上下を返す。ふたをして揚げてもよい。

2 竹串を刺してみて、スーッと通り、透き通った肉汁が出てくれば揚げ上がり。油をきってボウルに入れ、しょうゆとこしょうを加え、味をからめる。

3 **2**の豚肉を1〜2cm厚さに切り分ける。

4 器にキャベツを敷き、**3**を盛り、**2**の汁をかける。

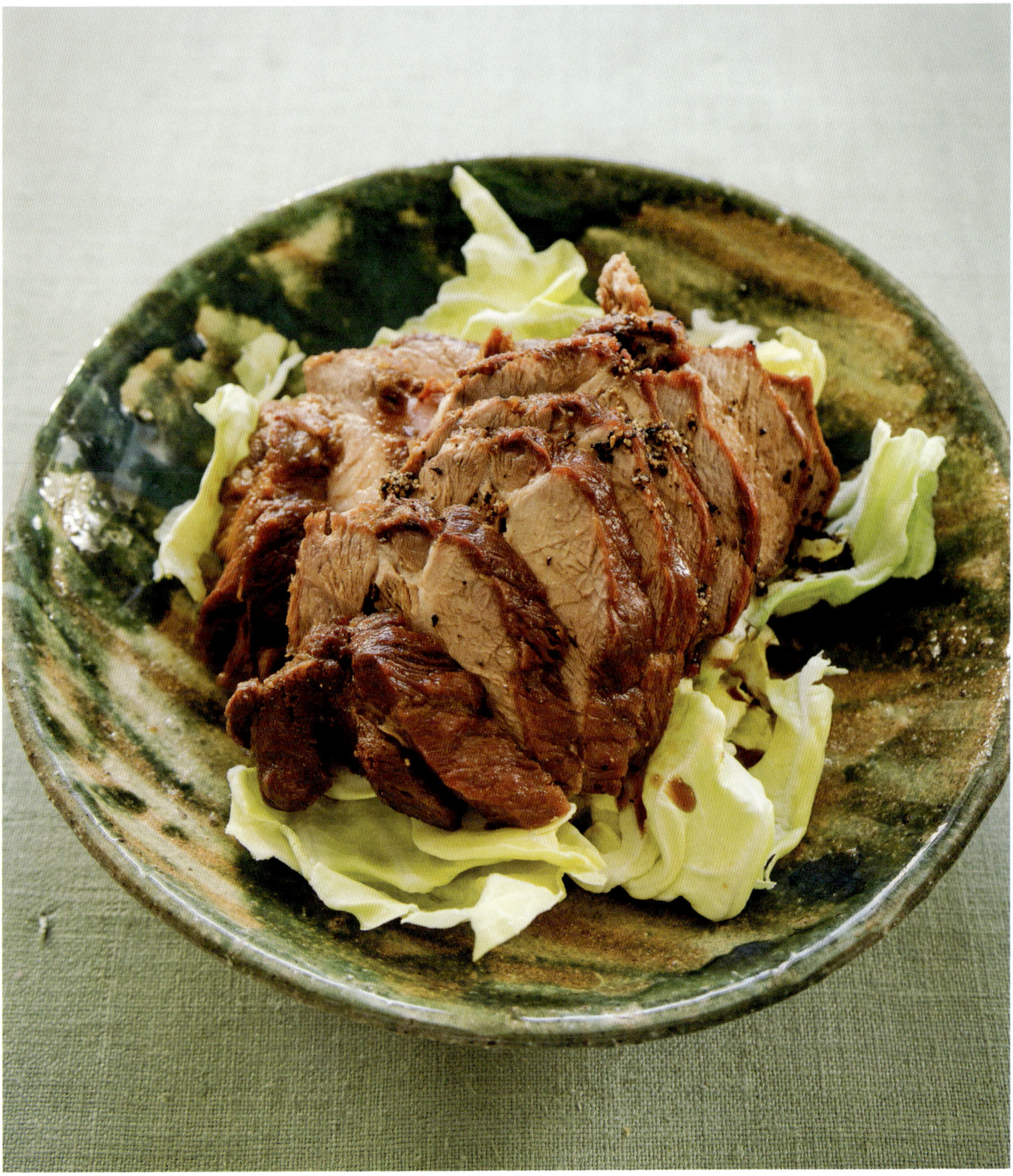

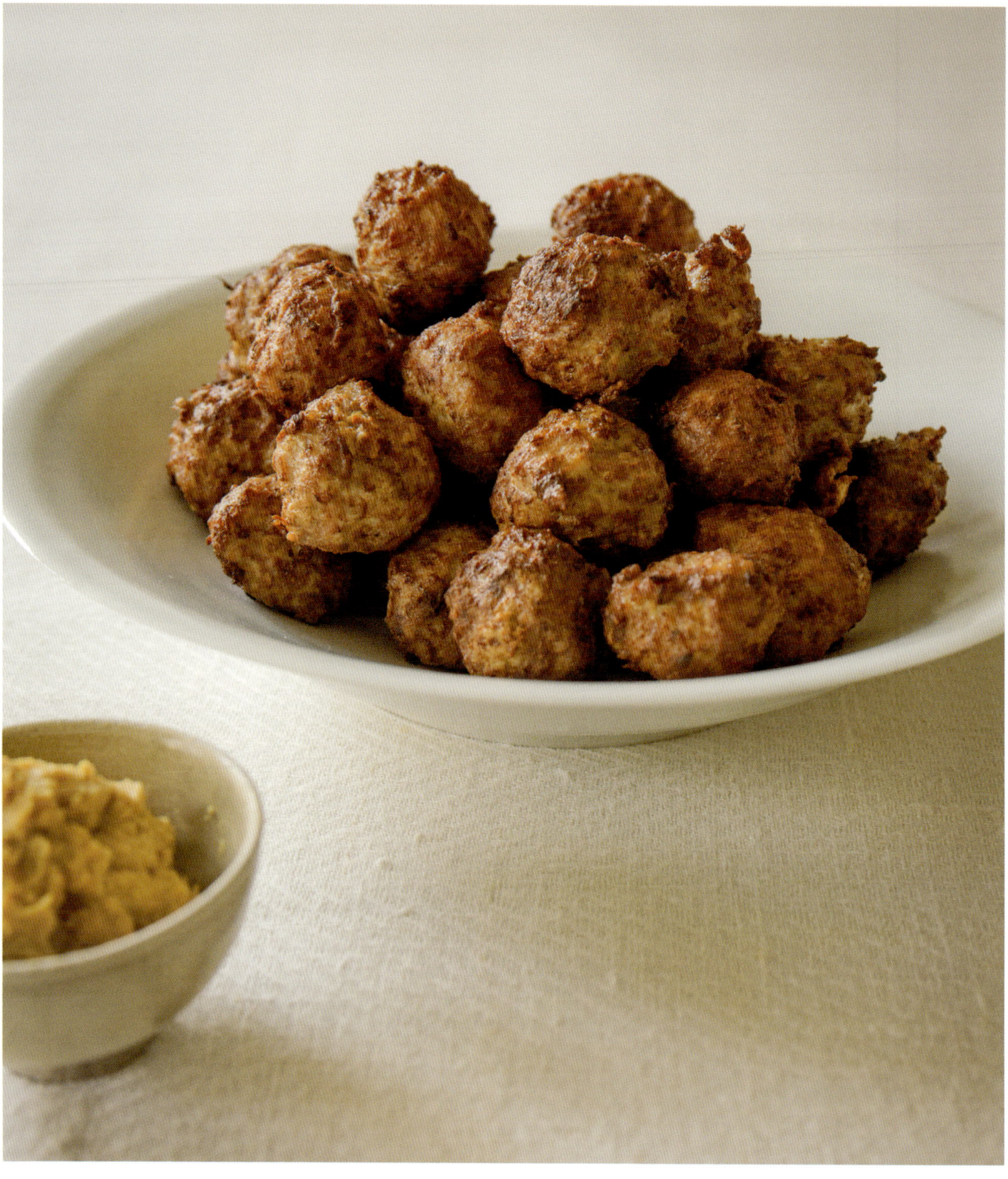

シンプル肉団子

卵を入れてよく練ったふんわり仕上げ。粘りが出るまで手でよく混ぜ合わせ、
同じ方向に回して糸をひくまでよくかき混ぜて空気を入れるのがポイントです。
まずはできたてをそのままいただき、残りは甘酢あんかけやスープなどに使います。

材料・作りやすい分量
豚ひき肉 ………………………………………… 1kg
長ねぎのみじん切り …………………………… 1本分
しょうがのみじん切り ………………………… 2かけ分
にんにくのみじん切り ………………………… 2かけ分
卵 ………………………………………………… 5個
塩、粗びき黒こしょう ………………………… 各少々
揚げ油（オリーブオイルまたはごま油） …… 適量
練り辛子、しょうゆ …………………………… 各適量

1　ボウルに豚ひき肉、長ねぎ、しょうが、にんにく、卵、塩、こしょうを入れ、粘りが出るまで手でよく混ぜ合わせる。同じ方向に糸をひくまでグルグルと混ぜる。

2　揚げ油を中温に熱し、1を左手で適量つかみ、ギュッと握って親指と人差し指の間から絞り出し、スプーンですくいとって油の中に静かに落とす。

3　すぐにはいじらず、表面がかたまってきたら網じゃくしなどでときどき混ぜ、揚げ上がりを均一にする。

4　こんがりときつね色になったら、角ザルを敷いたバットにとり、油をきる。2度揚げするとカリッとなる。

5　器に盛り、練り辛子としょうゆを添える。

なすのひき肉詰め 揚げびたし

なすを十文字に切り、詰めやすいように身を少しくり抜き、
そこにひき肉ダネをはさんで揚げます。
めんつゆがじんわりしみた揚げなすのおいしさは、格別です。

材料・8〜10個

ひき肉ダネ
- 豚ひき肉 …………………………… 400g
- しょうがのみじん切り …………… 2かけ分
- 長ねぎのみじん切り ……………… 20cm分
- 塩、粗びき黒こしょう …………… 各少々
- 卵 …………………………………… 1個
- 酒 …………………………………… 小さじ2

なす …………………………………… 8〜10本
小麦粉 ………………………………… 適量
揚げ油（オリーブオイルまたはごま油） … 適量
めんつゆ（22ページ参照）……………… 適量
長ねぎの小口切り、しょうがのすりおろし … 各適量
七味唐辛子 …………………………… 少々

1 なすはヘタをつけたままガク先を切り落とし、ヘタを切り離さないようにして縦に十文字の切り込みを入れる。ひき肉ダネが詰めやすいように中心部分を⅓ほど削りとり、削りとった分はみじん切りにしておく。

2 ひき肉ダネを作る。ボウルにひき肉ダネの材料、**1**のみじん切りにしたなすを入れ、よく混ぜ合わせる。

3 **2**をバットに移して9等分にし、なすに詰めやすいように細長く形作り、なすに詰めて形を整える。小麦粉をまぶしつける。

4 揚げ油を中温に熱して**3**を入れ、色よく揚げて中まで火を通す。角ザルを敷いたバットにとり、油をきる。

5 器にめんつゆを入れ、**4**を加え、長ねぎとしょうがをのせ、七味唐辛子をふる。

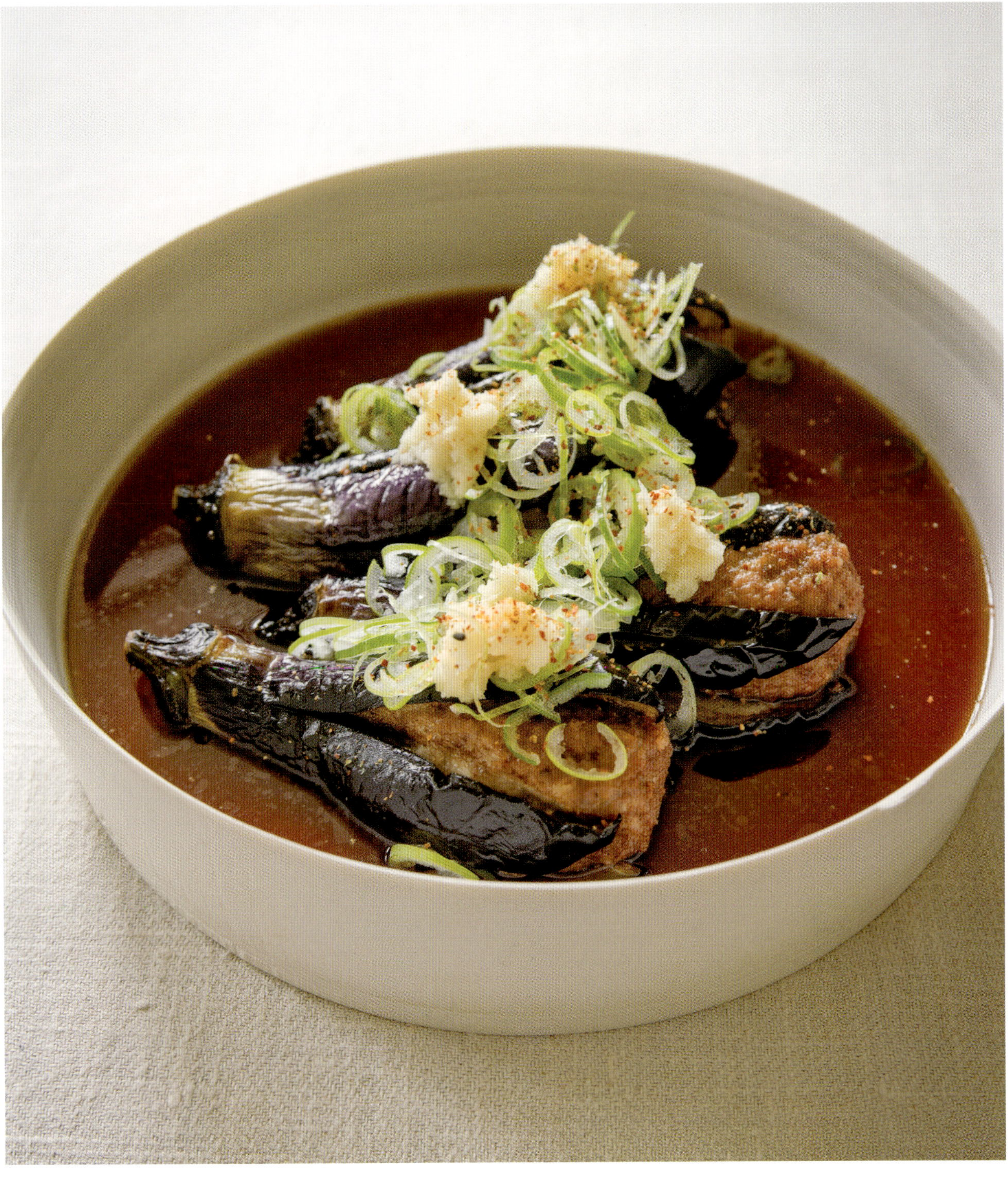

レモングラスのひき肉詰め揚げ

えび入りのひき肉ダネを、ヌクマム、こぶみかんの葉、にんにくなどで
味つけし、レモングラスの根元の部分に詰めて揚げた、
見た目にも楽しいベトナム料理レシピ。レモングラスの香りが鼻をくすぐります。
こぶみかんの葉がなければ、レモンの皮の細切りを加えます。

材料・12〜13本分
レモングラス（根元の部分） ………… 12〜13本

ひき肉ダネ
- 豚ひき肉 ………………………… 100g
- えび（無頭、殻つき） ………………… 5尾
- かに ……………………………… 正味100g
- こぶみかんの葉の細切り ………… 4枚分
- にんにくのみじん切り …………… 1かけ分
- しょうがのみじん切り …………… 1かけ分
- 長ねぎのみじん切り ……………… 5cm分
- ヌクマム ………………………… 小さじ2
- こしょう ………………………… 少々

片栗粉 ……………………………… 適量
揚げ油（オリーブオイル） ………… 適量

ヌクチャム
- 水 ………………………………… 大さじ2
- 米酢 ……………………………… 大さじ2
- 砂糖 ……………………………… 大さじ1〜2
- ヌクマム ………………………… 大さじ2〜3
- にんにくのみじん切り …………… 1〜2かけ分
- 赤唐辛子のみじん切り …………… 1〜2本分

ミント ……………………………… 適量

1 レモングラスは根元から3cmほど残し、10cmくらいの長さの切れ込みを何本か入れておく。

2 ひき肉ダネを作る。えびは殻をむいて背ワタをとり、フードプロセッサーで撹拌してすり身にする。かにもフードプロセッサーですり身にする。タネの材料すべてをボウルに入れて混ぜ合わせ、小さな団子状にまとめる。

3 1のレモングラス1本を両手で持ち、左右から押して中央をふくらませる。2のひき肉ダネに片栗粉少々をまぶしてレモングラスのふくらみの中に埋め込むようにして詰め、片栗粉少々をふる。残りも同様にする。

4 揚げ油を中温に熱して3を入れ、徐々に温度を上げながらこんがりと揚げて中まで火を通す。角ザルを敷いたバットにとり、油をきる。

5 器に盛ってミントをのせ、ヌクチャムの材料を混ぜ合わせて添える。レモングラスからとり出し、ヌクチャムをつけていただく。

45

手羽先のひき肉詰め ごま揚げ

かに入りひき肉ダネを手羽に詰めた、中華風のごちそう。
ごまをたっぷりまぶして香ばしく仕上げるのが特徴。
ちょっぴり手間がかかりますが、おもてなしにも喜ばれます。

材料・4人分
鶏手羽先 ……………………………… 8本
ひき肉ダネ
　豚ひき肉 …………………………… 100g
　かに ………………………………… 正味100g
　長ねぎ ……………………………… ½本
　しょうが …………………………… 1かけ
　溶き卵 ……………………………… ½個分
　塩 …………………………………… 小さじ⅔
　しょうゆ …………………………… 小さじ⅓
　こしょう …………………………… 少々
溶き卵 ………………………………… 1個分
金ごま ………………………………… ½カップ強
揚げ油（オリーブオイルまたはごま油） ……… 適量

1　手羽先は骨に沿って先の尖ったナイフを入れ、骨にくっついている身を切り離す。包丁で肉をぐっと寄せるようにしてチューリップ状にし、裏返して袋状にする。2本ある骨のうち、太い骨はつけたままにし、細い骨の方をはずす。

2　ひき肉ダネを作る。かにはほぐし、しょうがと長ねぎはみじん切りにする。すべての材料をボウルに入れ、粘りが出るまで混ぜ合わせる。

3　1に2をギュッと詰め、詰め終わりは手羽で包み込むようにして形を整える。

4　3に溶き卵をつけ、ごまを全体にたっぷりとまぶし、手でよく押さえてはがれないようにする。

5　揚げ油を中温に熱し、4を入れ、8〜9分かけてじっくりと揚げ、中まで火を通す。角ザルを敷いたバットにとり、油をきる。

6　器に盛り、好みで粉山椒（分量外）をふる。

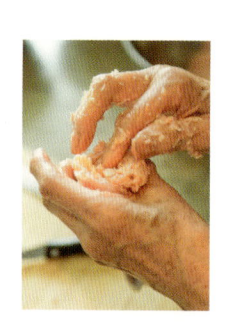

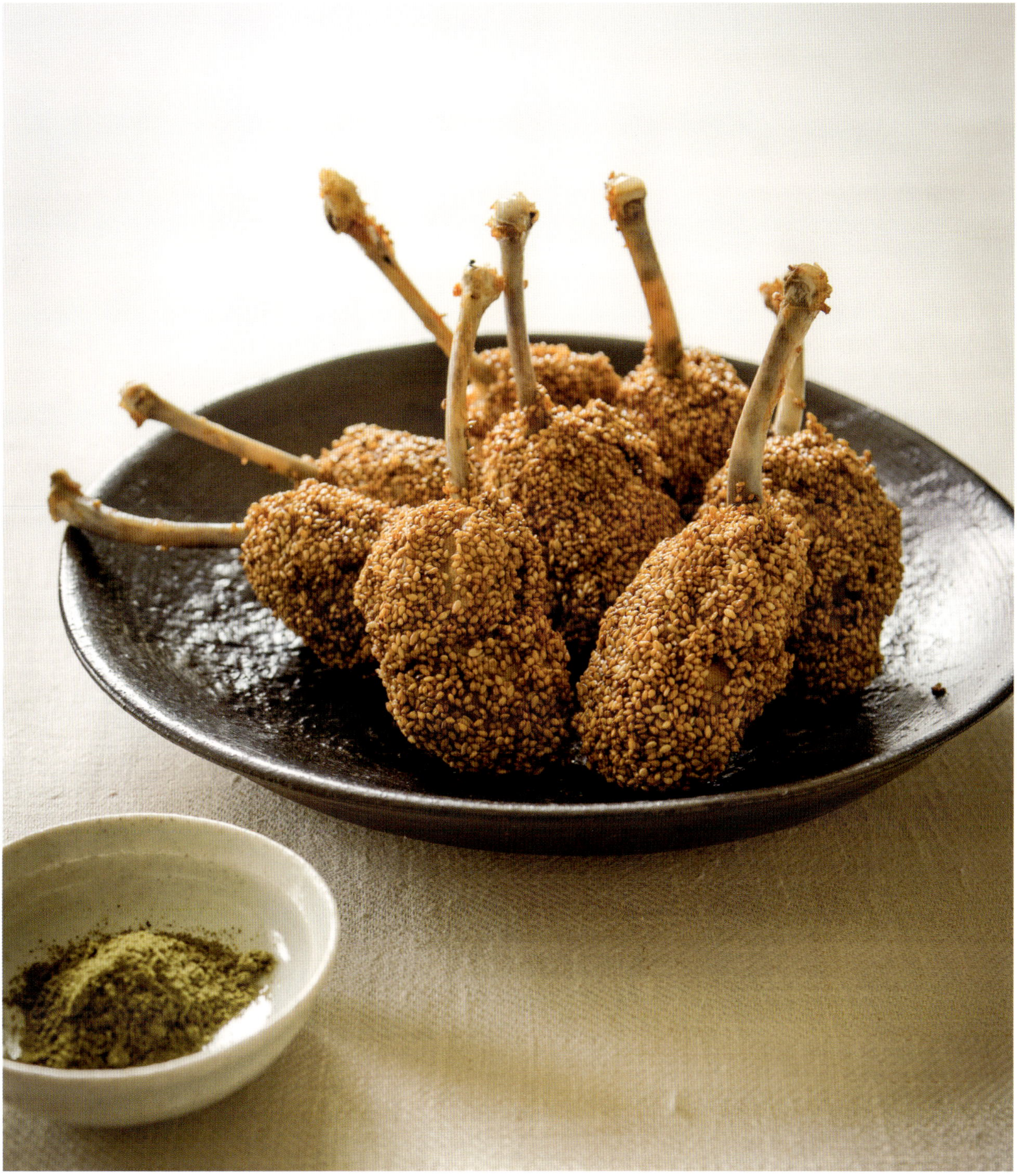

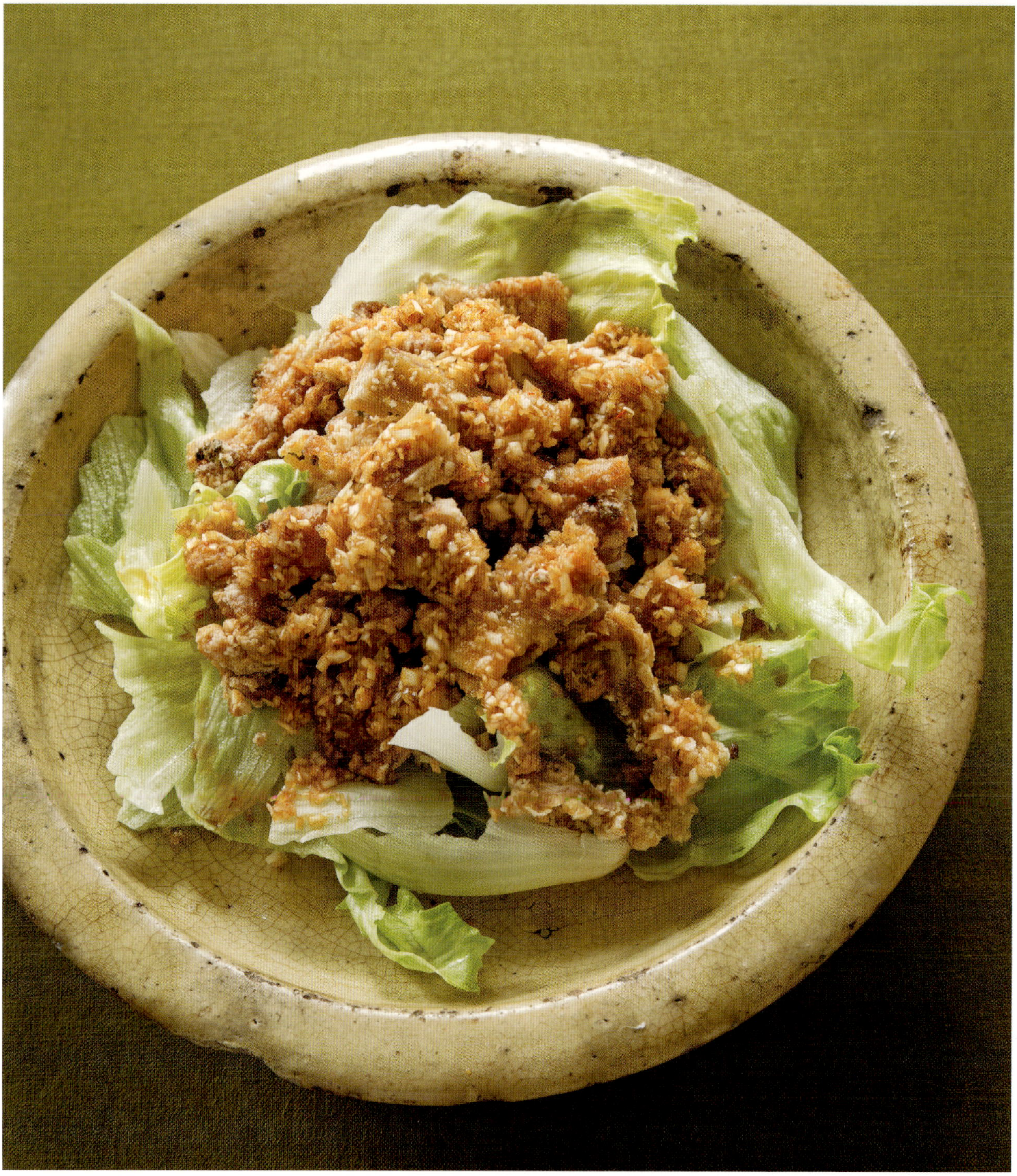

鶏のバリバリ

家族にずっと愛されてきた、我が家の人気おかず。
1枚の鶏肉をとことん薄く切り広げて片栗粉をつけ、
バリバリになるまで揚げることから「鶏のバリバリ」と命名。
しょうゆ味の薬味だれをたっぷりかけて、ご飯のおかずに。

材料・作りやすい分量

鶏もも肉 ……………………………… 1枚
鶏肉の下味
- 卵 …………………………………… 1個
- にんにくのすりおろし ……………… 1かけ分
- しょうゆ …………………………… 大さじ1½

片栗粉 ………………………………… 適量
揚げ油（オリーブオイルまたはごま油）……… 適量
薬味だれ
- 長ねぎのみじん切り ………………… 1本分
- しょうがのみじん切り ……………… 大1かけ分
- 米酢 ………………………………… 大さじ2
- しょうゆ …………………………… 大さじ2
- ごま油 ……………………………… 大さじ½
- 豆板醤 ……………………………… 小さじ1

レタス ………………………………… 適量

1 鶏肉は厚みのある部分に包丁を入れて薄く開き（観音開き）、皮はフォークで数ヶ所つついておく。

2 バットに下味の材料を混ぜ合わせ、**1**を入れ、ときどき上下を返して下味をつける。

3 薬味だれの材料は混ぜ合わせる。レタスは手でちぎり、冷水に放してシャキッとさせ、水気を拭きとる。

4 バットにたっぷりの片栗粉を入れ、**2**の汁気をきって広げて入れ、片栗粉を手で押さえて全体にまぶしつける。片栗粉で白くなるくらいまでしっかりとつける。

5 揚げ油を中温よりやや高めに熱し、**3**をすべり込ませるようにしてゆっくりと入れる。衣を箸でたたき、しっかりとかたくなったら返し、両面パリッとするまで揚げる。角ザルを敷いたバットにとって油をきり、食べやすい大きさに切り分ける。

6 器にレタスを敷き、**5**を盛り、薬味だれをかける。

鶏のから揚げ

鶏肉は1羽分を使うのが有元流。
ここでは胸肉、もも肉、ドラムスティックを
オリーブオイルでシンプルにから揚げにします。
手羽元、手羽先、砂肝やハツなどは52ページを参照。
同様にして、ひと口大に切ったもも肉で作っても。

材料・作りやすい分量
鶏肉（胸肉、もも肉、ドラムスティック）
.... 1羽分
塩 .... 鶏肉の重量の1.5〜2%
下味
┌ しょうがのすりおろし 大1かけ分
│ にんにくのすりおろし 2かけ分
│ 酒 .... ¼カップ
└ しょうゆ .... ¼カップ
片栗粉 .... 適量
揚げ油（オリーブオイル） .... 適量

1 鶏肉は大きめのぶつ切りにしてボウルに入れ、塩をすり込んで2時間以上（できればひと晩）冷蔵庫に入れて余分な水分を出す。水で洗ってペーパータオルで水気を拭きとる。

2 1をボウルに入れ、しょうがのすりおろし、にんにくのすりおろし、酒、しょうゆを加えて手でよく混ぜ、下味をつける。

3 2に片栗粉を加え、ひとつずつしっかりとまぶす。

4 揚げ油を火にかけ、低温のうちに3を入れ、はじめはいじらず、徐々に温度を上げながらじっくりと揚げる。きつね色になってカラリとしたら、角ザルを敷いたバットにとり、油をきる。2度揚げするとカリッとなる。

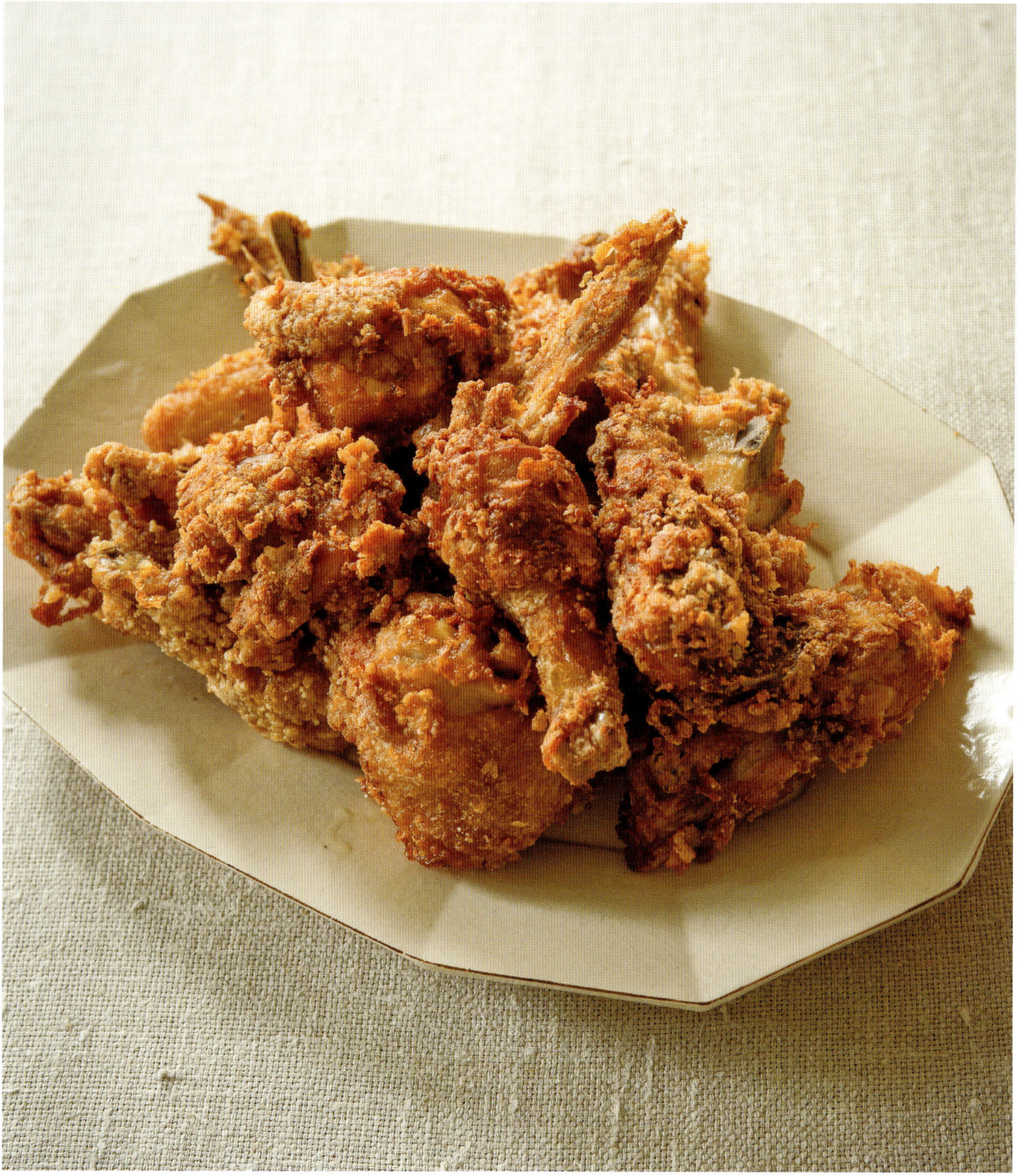

鶏手羽、砂肝、ハツのから揚げ にんにくじょうゆあえ

鶏手羽元と手羽先はいったん蒸してから、から揚げにします。
脂が落ちてさっぱりとし、よりカリッとした感じに仕上がります。
砂肝、ハツは片栗粉をまぶしてカラリと揚げるのがポイント。
蒸したときに出た蒸し汁は、鶏スープとして楽しめます。

材料・作りやすい分量
鶏手羽元 ……………………………… 5本
鶏手羽先 ……………………………… 5本
砂肝、ハツ（下処理したもの） …………… 各適量
片栗粉 ………………………………… 適量
揚げ油（オリーブオイルまたはごま油） …… 適量
にんにくじょうゆ
  ┌ しょうゆ ……………………………… ¼〜⅓カップ
  │ にんにくのすりおろし ……………… 2〜3かけ分
  └ 赤唐辛子のみじん切り ……………… 少々

1　手羽元、手羽先は耐熱皿にのせ、蒸気の立った蒸し器で15分ほど蒸す。ペーパータオルで汁気を拭く。

2　砂肝とハツは食べやすい大きさに切り、片栗粉をまぶす。

3　にんにくじょうゆの材料はボウルに合わせておく。

4　揚げ油を中温に熱し、手羽元と手羽先を入れ、きつね色になってカリッとするまで揚げる。揚げたてを3のボウルに加えてあえる。

5　4の揚げ油に砂肝とハツを入れ、カラリと揚げる。揚げたてを4のボウルに加えてあえ、味をなじませる。

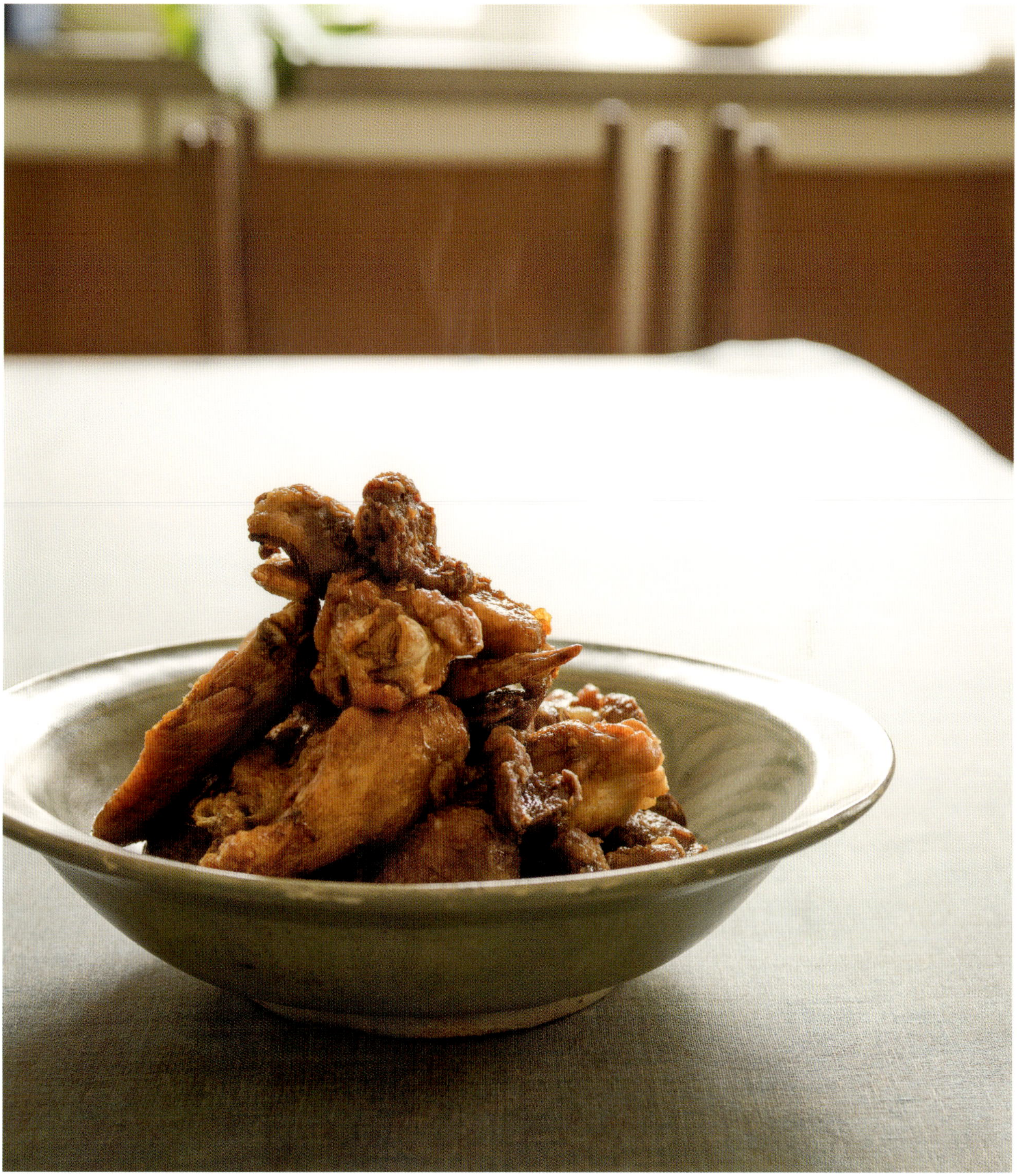

さばの竜田揚げ

しょうがじょうゆで下味をつけたさばをカラリと揚げた、和のおかず。
酢を加えた大根おろしでいただくのが、我が家の定番。
しょうゆ味の揚げものによく合います。
グリーンアスパラガスのほか、ピーマンやししとうを添えても。

材料・4人分
さば ……………………………… 4切れ
さばの下味
　しょうゆ ……………………… 大さじ3〜4
　酒 ……………………………… 大さじ1
　しょうがのすりおろし ……… 大1かけ分
片栗粉 …………………………… 適量
揚げ油（オリーブオイルまたはごま油）……… 適量
グリーンアスパラガス ………… 8〜10本
大根のおろし酢
　大根おろし …………………… ½本分
　大根葉の小口切り（あれば）… 適量
　米酢 …………………………… 大さじ3

1 さばはバットに入れ、下味の材料を加えて混ぜ、冷蔵庫に入れてひと晩おく。

2 1を角ザルを敷いたバットにとり、汁気をきる。片栗粉をまんべんなくつける。

3 アスパラガスは根元のかたい部分の皮をむき、3〜4等分に切る。

4 揚げ油を中温に熱し、3を入れて色よく揚げ、角ザルを敷いたバットにとり、油をきる。

5 4の揚げ油に2のさばを入れ、皮がパリッとしてこんがりするまで揚げる。角ザルを敷いたバットにとり、油をきる。

6 器に5の竜田揚げを盛り、アスパラガスをつけ合わせる。大根のおろし酢の材料を混ぜ合わせて添える。

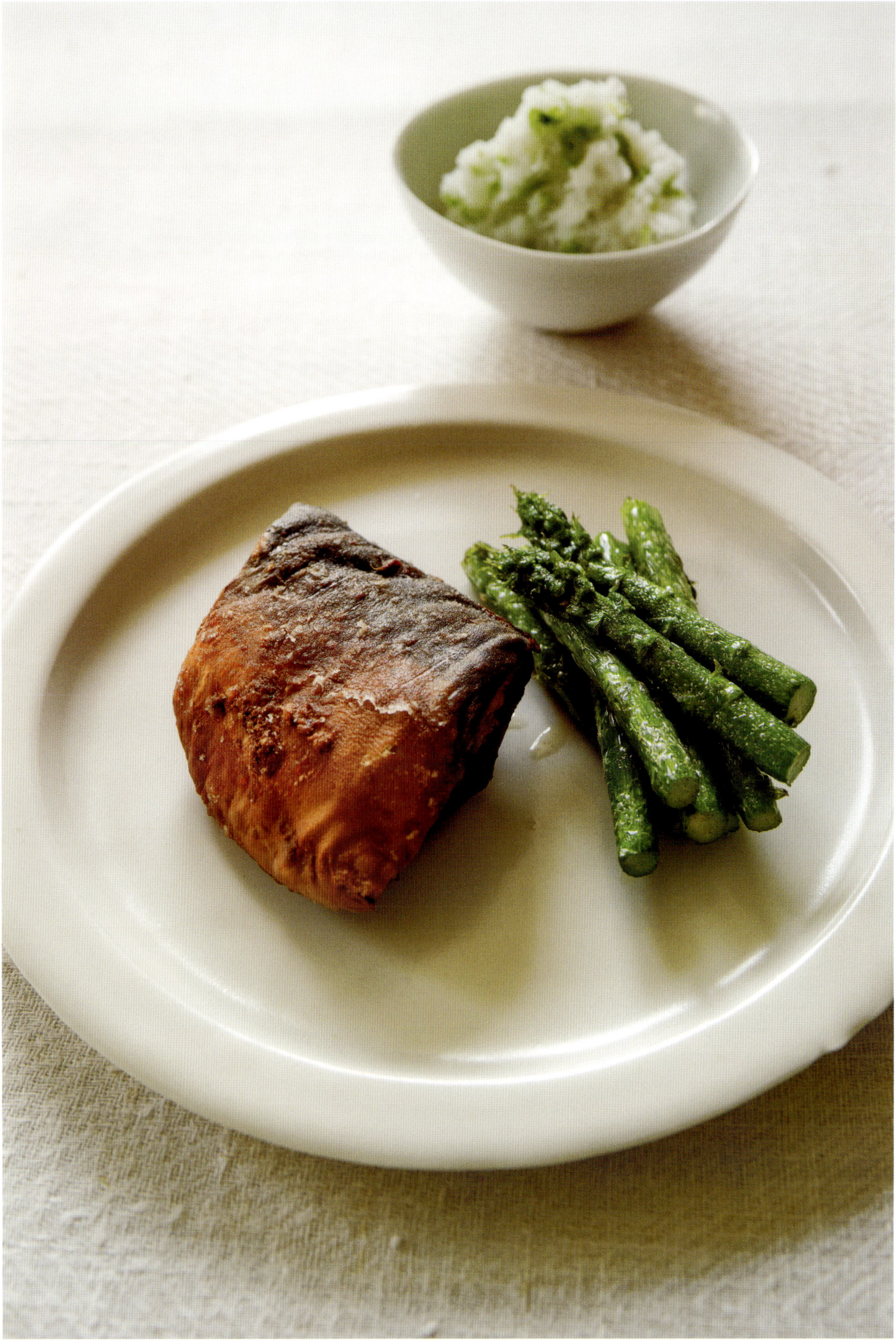

豆あじの南蛮漬け

作り方は58ページ

いわしのカレー風味マリネ

作り方は59ページ

豆あじの南蛮漬け

新玉ねぎ、揚げた豆あじ、南蛮酢を交互に重ねて味をなじませるのがポイント。
豆あじと新玉ねぎの季節にぜひ作りたい、定番のおいしさです。
新玉ねぎがしんなりするまでひと晩おいても。

材料・作りやすい分量
豆あじ（下処理したもの） ………………… 20尾
新玉ねぎ ……………………………………… 2個
揚げ油（オリーブオイルまたはごま油） ……… 適量
南蛮酢*
　米酢 ……………………………………… 1カップ
　しょうゆ ………………………………… ½カップ
　メープルシロップ（または煮きりみりん）…… 大さじ3
　赤唐辛子の小口切り ……………………… 2〜3本分
＊南蛮酢は好みで水大さじ2〜3を加えて味をやわらげても。

1 豆あじはペーパータオルで水気を拭く。新玉ねぎは薄切りにする。南蛮酢の材料は混ぜ合わせておく。

2 揚げ油を中温に熱し、豆あじを½量ほど入れ、徐々に温度を上げながらパリッとするまで揚げる。

3 ボウルに玉ねぎを入れ、**2**を油をきって加え、南蛮酢の½量を注ぎ入れる。

4 **2**の揚げ油に残りの豆あじを入れ、**2**と同様にパリッとするまで揚げる。

5 **3**のボウルに残りの玉ねぎを入れ、**4**を油をきって加え、残りの南蛮酢を注ぎ入れる。

6 冷蔵庫に入れて2〜3時間おき、味をなじませる。

いわしのカレー風味マリネ

いわしは7～8分かけてじっくりと揚げるのがコツ。青背魚独特のくさみがやわらぎ、香ばしくなります。上と下に野菜をおき、野菜ではさんでマリネします。

材料・作りやすい分量
いわし（3枚におろしたもの）………… 6～7尾分
小麦粉 ……………………………………… 適量
揚げ油（オリーブオイル）………………… 適量
にんじん …………………………………… 1本
セロリ ……………………………………… 1本
新玉ねぎ …………………………………… 1個
ラディッシュ …………………………… 4～5個
塩、粗びき黒こしょう …………………… 適量
ケイパー（あれば）………………………… 適量

マリネ液
┌ メープルビネガー* ………………… 2カップ
│ カレー粉 …………………………… 大さじ2～3
└ 塩 ……………………………………… 少々

＊メープルビネガーの代わりワインビネガーを使っても。その場合、分量を⅔量に減らし、その分水を足して砂糖大さじ2～3を加える。

1 にんじん、セロリは細めの短冊切りにし、新玉ねぎ、ラディッシュは薄切りにする。

2 いわしは塩、こしょう各少々をふり、小麦粉をまぶす。余分な粉ははたき落とす。

3 揚げ油を中温に熱し、**2**のいわしを入れ、徐々に温度を上げながらパリッとするまで揚げる。角ザルを敷いたバットにとり、油をきる。

4 バットににんじん、セロリ、玉ねぎの⅓量を敷き、塩、こしょう各少々をふり、**3**を皮目を上にして並べ入れる。

5 残りのにんじん、セロリ、玉ねぎ、ラディッシュをのせ、塩、こしょう各少々をふる。マリネ液の材料を混ぜ合わせて回しかけ、ケイパーを散らし、冷蔵庫に入れて2～3時間おき、味をなじませる。

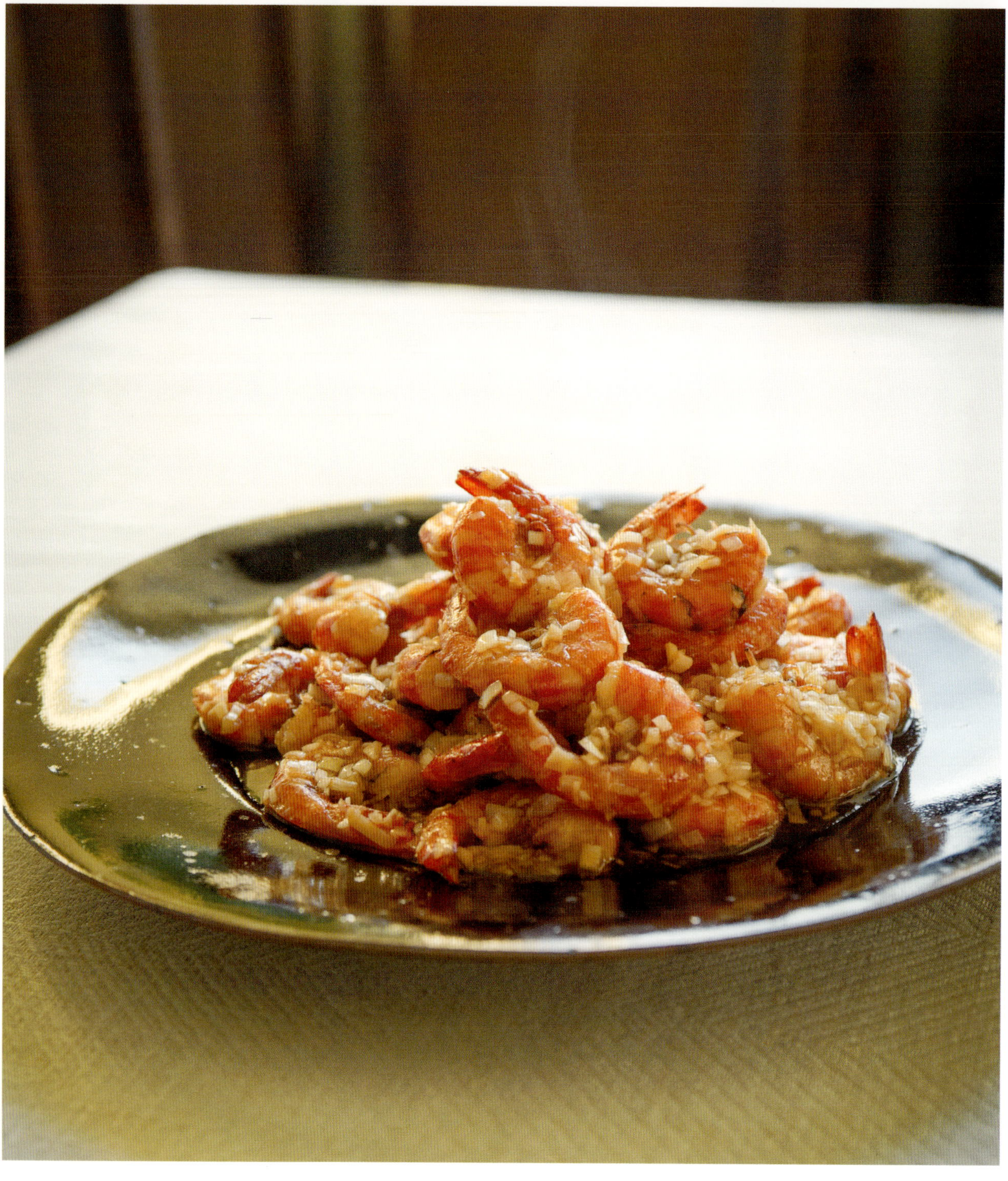

えびのから揚げ 甘酢ソース

カラリと揚げた殻つきのえびを、甘酢ソースにからめた中華レシピ。
甘酢ソースは長ねぎたっぷり、甘みにはメープルシロップを使うのが有元流。
えびは背に切り込みを入れてから揚げると、殻をむくのもラク。
もちろん殻ごといただいてもおいしい。

材料・作りやすい分量
- えび(無頭・殻つき) ……………… 小24〜30尾
- 片栗粉 …………………………… 適量
- 揚げ油(ごま油) ………………… 適量

甘酢ソース
- にんにくのみじん切り …………… 2かけ分
  - ごま油 …………………………… 大さじ1½
  - 豆板醤 …………………………… 小さじ1
  - メープルシロップ ……………… 大さじ3½〜4
    (または砂糖大さじ2½〜3)
  - 米酢 ……………………………… 75〜80㎖
  - しょうゆ ………………………… 大さじ2
  - 塩 ………………………………… 少々
- しょうがのみじん切り …………… 大1かけ分
- 長ねぎのみじん切り ……………… 1〜1½本分

1　えびはキッチンバサミで背に切り込みを入れて背ワタをとり、片栗粉をまぶす。

2　揚げ油を中温よりやや高めに熱し、**1**を入れてカラリと揚げる。角ザルを敷いたバットにとり、油をきる。

3　中華鍋にごま油を熱してにんにくを炒め、香りが立ったら豆板醤を加えてさらに炒める。メープルシロップ、米酢、しょうゆ、塩を加えて煮立て、甘酢ソースを作る。

4　**3**に**2**のえびを加えてよくからめ、汁気が少なくなったらしょうがと長ねぎを加えて混ぜ合わせる。

いかのから揚げ ベトナム風

やわらかい小やりいかを輪切りにし、
小麦粉をもみ込んでから揚げるのが特徴。
もうこれ以上吸わない、というところまで小麦粉を加えて
もみ込むのが、カリッと仕上げるポイントです。

材料・作りやすい分量
小やりいか ………………………………… 6はい
にんにくのすりおろし ………………… 大1かけ分
塩 …………………………………………… 小さじ1
小麦粉 ……………………………………… 適量
揚げ油（オリーブオイルまたはごま油）……… 適量
香菜 ………………………………………… 適量

1 いかは足をはずして輪切りにし、足は2〜3本ずつに切り分ける。

2 ボウルに**1**を入れ、にんにくと塩を加え、小麦粉約½カップを加えて手でよくもみ込み、いかに小麦粉を吸わせる。

3 **2**にさらに小麦粉約½カップを加え、小麦粉がねっとりとした感じになるまで手でよくもみ込む。

4 揚げ油を中温よりやや高めに熱し、**3**を入れ、きつね色にカリッとするまで揚げる。IH使用の場合は、油はね防止ネットをのせ、さらにペーパータオルをのせて揚げるとよい。

5 角ザルを敷いたバットにとり、油をきる。

6 器に盛り、香菜を散らす。好みでレモン（分量外）を絞っていただく。

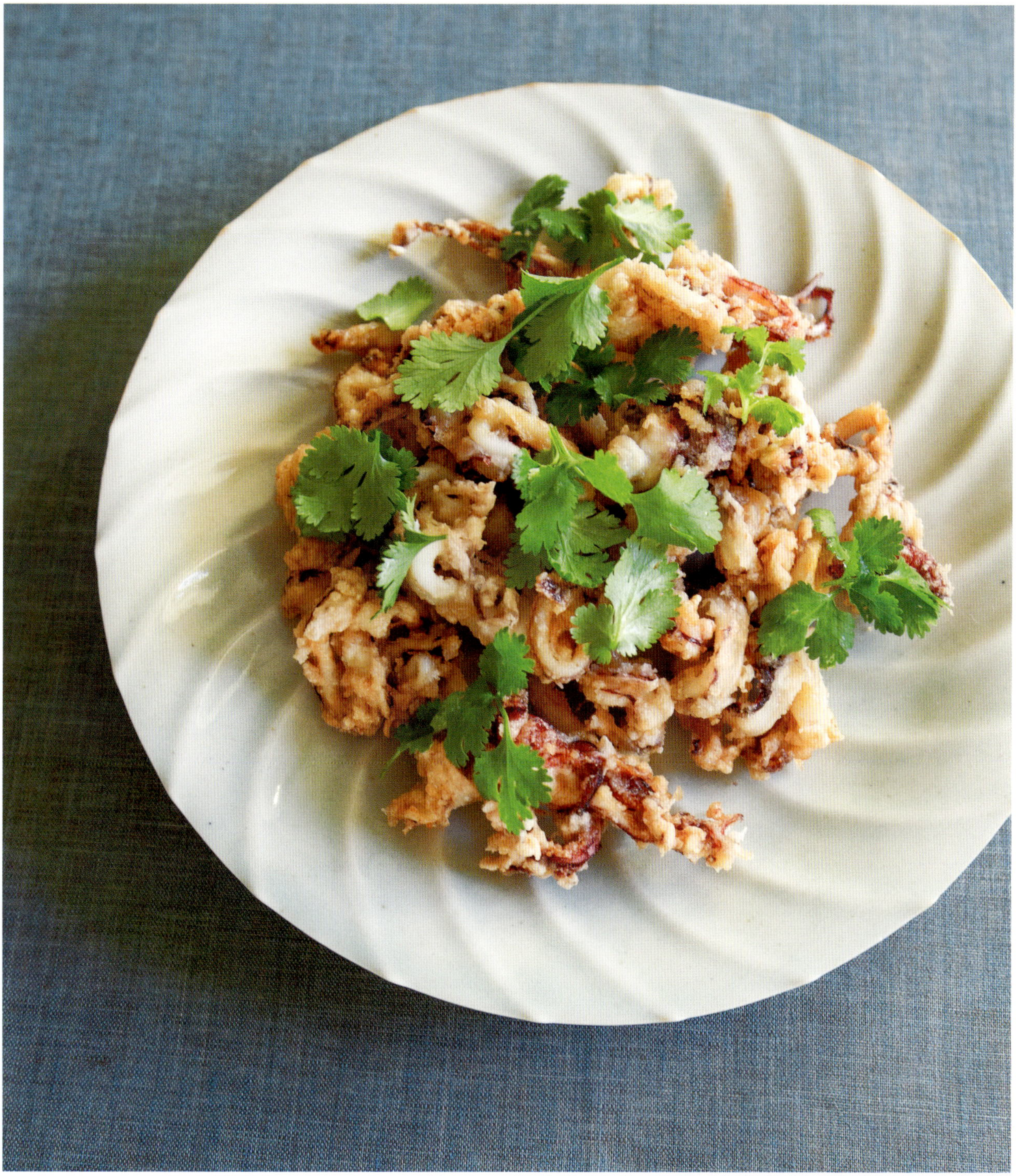

自家製さつま揚げ

表面は黄金色で香ばしく、ひと口ほおばれば素材のうまみたっぷり。添加物なし、自分で作るさつま揚げのおいしさは格別です。基本の素材は魚介類。私がよく使うのは、あじやいわし、さばといった青背の魚、いか、えび。豚や鶏のひき肉を使うこともあります。そこににんじんや里芋、れんこん、ごぼうなどの根菜を組み合わせて、シャキッとした食感をプラスするのが私流。どの素材を組み合わせるかは自由です。

あじとごぼうのさつま揚げ

作り方は66ページ

あじとごぼうのさつま揚げ

ごぼうの香りと歯ごたえが身上の、香ばしいさつま揚げ。
中までしっかり火を通したいから、中温でじっくり揚げるのがポイント。
アツアツを辛子じょうゆでいただくほか、
冷めてもおいしいので、お弁当のおかずにもおすすめ。
あじの代わりにいわしを使っても。

材料・作りやすい分量
あじ（3枚におろしたもの） ………………… 中3尾
しょうが ……………………………………… 2かけ
卵 ……………………………………………… ½個
片栗粉 ………………………………………… 適量
ごぼう ………………………………………… 1本
揚げ油（オリーブオイルまたはごま油） …… 適量
練り辛子、しょうゆ ………………………… 各適量

1　ごぼうは洗い、大きいささがきにし、酢水に5分さらして水気をきる。
2　フードプロセッサーにしょうがを入れて撹拌し、みじん切りにする。あじを適当な大きさに切って加え、ざっと撹拌し、卵、片栗粉大さじ1を加えてさらに撹拌し、すり身にする。
3　2をボウルに移し、1のごぼうを加えて混ぜ合わせ、適量ずつ手にとり、ごぼうをすり身でつなぐ感じでまとめ、片栗粉をまぶす。
4　揚げ油を中温に熱し、3を入れ、ときどき返しながらきつね色に揚げる。角ザルを敷いたバットにとり、油をきる。
5　器に4を盛り、練り辛子としょうゆを添える。

えびと里芋のさつま揚げ

プリプリのえび、ねっとりとした里芋、
ふたつの食感がいっしょになった、上品な味わいのさつま揚げです。
ヌクチャム（44ページ参照）を添えればベトナム風にもなります。

材料・作りやすい分量

えび（無頭、殻つき）	中15〜20尾
里芋	中3個
片栗粉	大さじ1
卵	½個
酒	少々
揚げ油（オリーブオイル）	適量
塩、粉山椒または抹茶	各適量

1　えびは背ワタをとって尾と殻をむき、ぶつ切りにする。里芋は皮をむいてせん切りにする。

2　フードプロセッサーに1のえびを入れ、片栗粉、卵、塩少々、酒を入れて撹拌し、すり身にする。

3　2をボウルに移し、1の里芋を加えて混ぜ合わせる。

4　揚げ油を中温に熱し、3をスプーン2本を使って丸く整えて静かに落とし入れ、ときどき返しながらきつね色になるまで揚げる。角ザルを敷いたバットにとり、油をきる。

5　器に4のさつま揚げを盛り、塩、粉山椒または抹茶を添える。

いかのさつま揚げ

アツアツ揚げたてをほおばれば、いかのうまみが口の中に広がります。
ここではにんにくと赤唐辛子を加えて、ベトナム風に。
香菜の茎があれば刻んで加えてもよいでしょう。
いかは粘り気があるので、つなぎには何も入れません。

材料・作りやすい分量
やりいか ………………………………… 小6ぱい
にんにく ………………………………… 2かけ
赤唐辛子の粗みじん切り ……………… 2〜3本分
揚げ油（オリーブオイルまたはごま油）………… 適量
セロリの葉（あれば）…………………… 1本分
レモンのくし形切り …………………… 適量
塩、カレー粉 …………………………… 各適量

1　いかは胴と足に分け、胴は皮をむいて輪切りにする。足は適当な大きさに切り分ける。
2　フードプロセッサーににんにくを入れて撹拌し、みじん切りにする。1を加えてさらに撹拌し、すり身にする。ボウルに移し、赤唐辛子を加えて混ぜる。
3　セロリの葉は1枚ずつに切り分ける。
4　揚げ油を火にかけ、低温のうちにセロリを入れ、パリパリになるまで揚げ、角ザルを敷いたバットにとり、油をきる。
5　4の揚げ油を中温に熱し、2をスプーン2本を使って丸く整えて落とし入れ、ふんわりときつね色になるまで揚げる。角ザルを敷いたバットにとり、油をきる。
6　器に5のさつま揚げを盛り、4のセロリをつけ合わせる。レモン、塩、カレー粉を添える。

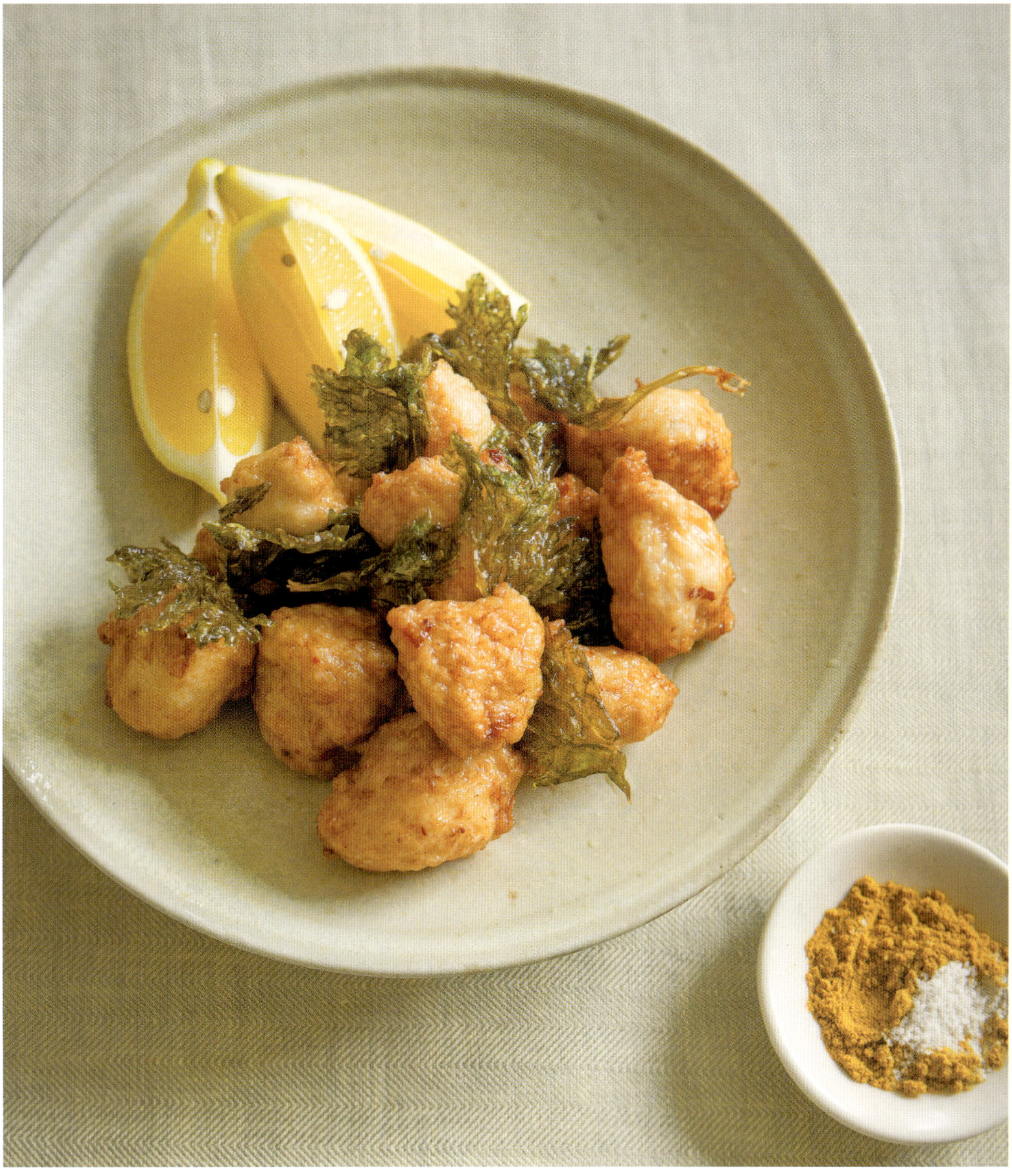

じゃがいものコロッケ

作り方は72ページ

そら豆のコロッケ

作り方は73ページ

じゃがいものコロッケ

じゃがいもだけのコロッケ。
だから、おいしいじゃがいもで！
ここで使うのは、甘みがあって
濃厚な味わいの"インカのめざめ"。
"キタアカリ"もおすすめ。

材料・作りやすい分量
じゃがいも ……………………… 小10〜12個
塩、こしょう …………………… 各少々
衣
　小麦粉、溶き卵、パン粉 ………… 各適量
揚げ油（オリーブオイル） ……………… 適量
キャベツ ………………………………… 適量
好みのソース（薬膳ソースなど） ………… 適量

1 じゃがいもは皮ごと蒸し、皮をむいて適当な大きさに切り分ける。フードプロセッサーに入れて撹拌し、粗くつぶす。
2 1をバットに移して塩、こしょうを混ぜ、手のひらにのるサイズのラグビーボール形にまとめる。
3 小麦粉、溶き卵、パン粉の順に衣をつける。
4 揚げ油を中温に熱し、3を入れ、きつね色にカラリと揚げる。角ザルを敷いたバットにとり、油をきる。
5 器に盛り、キャベツを大きめにちぎって添える。ソースをかけていただく。

そら豆のコロッケ

若草色がきれいなそら豆を使った、
ちょっと贅沢なひと口コロッケ。
中にチーズを入れて、そら豆に似せて形作ります。
揚げたてにカレー塩をふり、
冷えた白ワインといっしょにいただきます。
カレー粉のほか、クミンパウダーや
コリアンダーパウダーでも。

材料・作りやすい分量

そら豆（さやつき）	20本
ゴーダチーズ	50g

衣
　小麦粉、溶き卵、パン粉（目の細かいもの）＊
　.. 各適量
揚げ油（オリーブオイル） .... 適量
塩、カレー粉 .... 各適量

＊パン粉はフードプロセッサーで撹拌して細かくする。

1　そら豆はさやから出して薄皮をとり、蒸気の立った蒸し器で7〜8分蒸す。

2　1をフードプロセッサーに入れて撹拌し、ペースト状にし、ボウルに移して10等分にする。

3　チーズは10等分に切る。

4　2をひとつ手にとり、チーズを真ん中に入れてそら豆の形に整え、小麦粉、溶き卵、パン粉の順に衣をつける。残りも同様にする。

5　揚げ油を中温に熱し、4を入れ、うっすらと色づくまで揚げる。角ザルを敷いたバットにとり、油をきる。

6　器に盛り、塩とカレー粉を添える。

キャベツメンチ

つけ合わせのキャベツを混ぜてみたのが、キャベツメンチの始まり。元祖キャベツメンチです。
キャベツは、しっかり巻いた外葉を太めのせん切りにして使うのがポイント。その方が食べたときに存在感が出ます。

材料・5〜6人分
合いびき肉 ……………………………… 400g
キャベツ ………………………………… 5〜6枚
玉ねぎ …………………………………… ½個
にんにく ………………………………… 1かけ
パン粉 …………………………………… 1カップ
卵 ………………………………………… 1〜2個
塩、こしょう …………………………… 各適量
衣
┌ 小麦粉、溶き卵、パン粉 ……………… 各適量
揚げ油（オリーブオイル） ……………… 適量
好みのソース（薬膳ソースなど） ……… 適量

1　キャベツは太めのせん切りにする。玉ねぎ、にんにくはみじん切りにする。
2　ボウルに合いびき肉、玉ねぎ、にんにく、パン粉、卵、塩、こしょうを入れて手でよくこね、キャベツを加えてしっかりと混ぜ合わせる。
3　2を5〜6等分にし、手のひらに打ちつけるようにして中の空気を抜いて丸く形作る。
4　小麦粉、溶き卵、パン粉の順に衣をつけ、さらに溶き卵、パン粉の順に衣を2度づけし、しっかりとした衣にする。
5　揚げ油を火にかけ、低温のうちに4を入れ、徐々に温度を上げながら揚げていく。10分ほどかけて中まで火を通す。角ザルを敷いたバットにとり、油をきる。
6　器に盛り、好みのソースを添える。

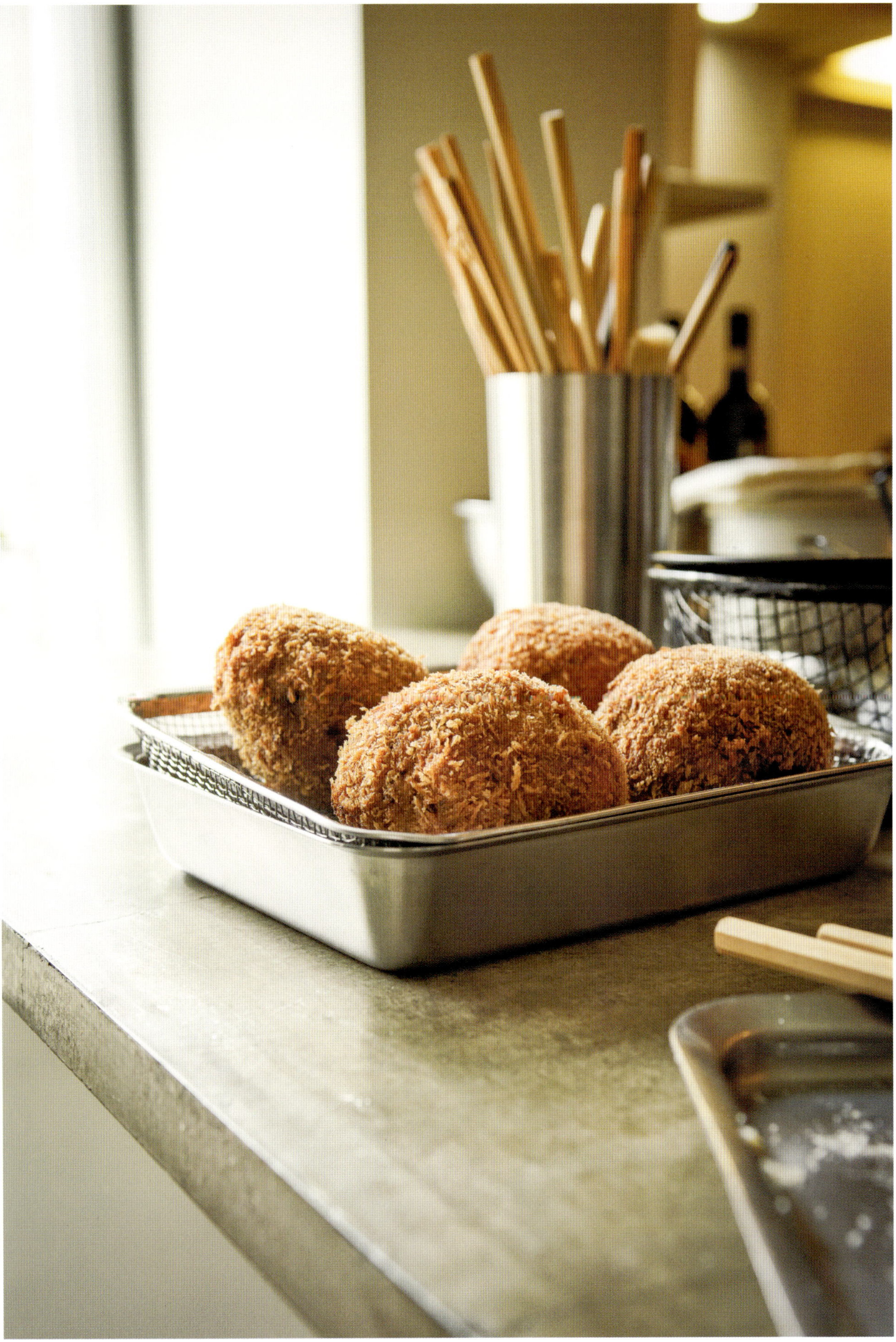

きのこの豚肉巻きフライ

サクサクの衣の中は、豚肉の薄切りとしいたけの薄切り。
なのに見た目にボリューム感があり、
味もうまみたっぷりでジューシー。
豚肉としいたけがいっしょになると、
こんなにおいしいなんて！
ポイントは、しいたけをごくごく薄く切ることです。

材料・4人分
生しいたけ ………………………… 18個
豚ロース薄切り肉 ……………… 12枚〜16枚
衣
⎡ 小麦粉、溶き卵、パン粉 ………… 各適量
揚げ油（オリーブオイル） ………… 適量
好みのソース（薬膳ソースなど） ………… 適量

1 しいたけは石づきをとり、笠はごく薄切りにし、軸は縦にごく細くさく。
2 豚肉を広げ、1を適量のせ、手前からしっかり力を入れてクルクルと巻いていく。
3 2に小麦粉をまぶし、手で軽くにぎって形を整え、溶き卵、パン粉の順に衣をつける。
4 揚げ油を中温に熱し、3を入れ、ときどき返しながらきつね色に揚げる。角ザルを敷いたバットにとり、油をきる。
5 器に盛り、好みのソースをかける。

77

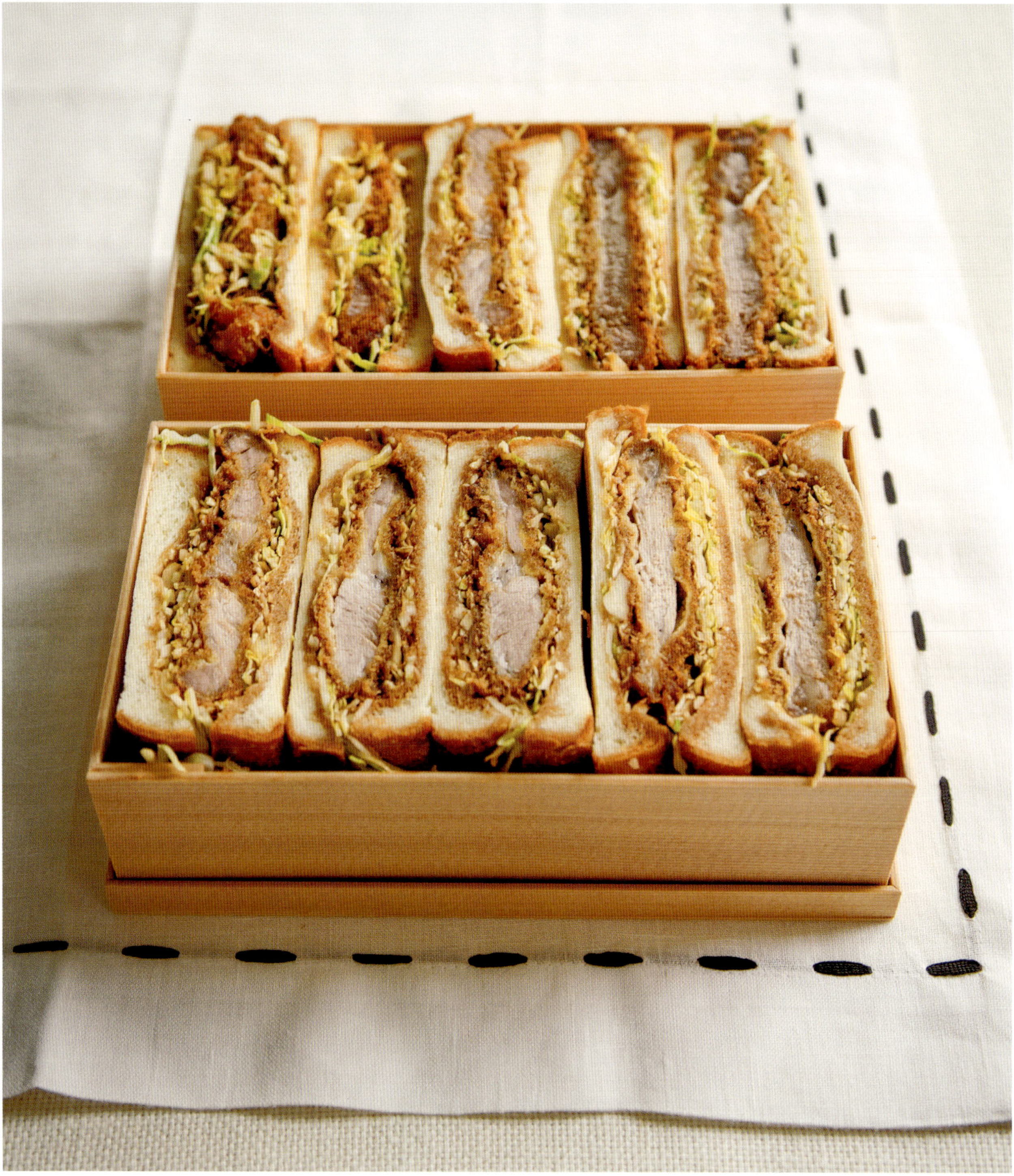

カツサンド

ロースと肩ロースの2つの部位でトンカツを作り、
せん切りキャベツを山盛り入れてサンドイッチに仕立てます。
パンにはさんだら、フライパンで焼きつけてトーストサンドにするのが、おいしさの秘密。
トンカツ、ソース、キャベツ、パンの絶妙なコンビネーションが楽しめます。

材料・4〜5人分
豚ロース肉、豚肩ロース肉（トンカツ用）… 合わせて5枚
塩、こしょう ……………………… 各適量
衣
　小麦粉、溶き卵、パン粉 …………… 各適量
揚げ油（オリーブオイル）………………… 適量
好みのソース（薬膳ソースなど）………… 適量
キャベツ ……………………………… 6〜7枚
食パン（8枚切り）…………………… 10枚
オリーブオイル ……………………… 少々

1　豚肉は軽く塩、こしょうをふり、小麦粉、溶き卵、パン粉の順に衣をつける。
2　揚げ油を中温よりやや低めに熱し、1を入れ、ときどき返しながらきつね色に揚げる。角ザルを敷いたバットにとり、油をきる。
3　2の角ザルをはずし、トンカツの両面にソースをたっぷりとつける。
4　キャベツは太めのせん切りにする。
5　食パンを2枚1組にし、キャベツ、3のトンカツ、キャベツの順にはさむ。
6　フライパンにオリーブオイルを薄くひいて火にかけ、5を1組入れ、落としぶたなどで上から押さえながら、両面焼く。残りも同様にして焼く。
7　少しおいて落ち着かせ、半分に切る。

ラムカツ
ミニトマトといっしょに

ラムを揚げると独特のクセがやわらぎ、
ラムがちょっと苦手という人にも好評です。
衣をつける前にめん棒などでたたいて薄くするのがポイント。
揚げてもやわらかく、軽い食感になります。
フレッシュなミニトマトをソースにしていただきます。

材料・作りやすい分量
ラムチョップ ……………………………… 8本
塩、こしょう ……………………………… 各適量
にんにくのすりおろし …………………… 2片分
衣
　┌ 小麦粉、溶き卵、パン粉（目の細かいもの）＊
　└ …………………………………………… 各適量
ミニトマト ………………………………… 小40個
レモンの絞り汁 …………………………… 大1個分
揚げ油（オリーブオイル） ……………… 適量
オレガノ …………………………………… 適量
＊パン粉はフードプロセッサーで撹拌して細かくする。

1　ラムはめん棒などでたたき、軽く塩とこしょうをふり、にんにくをまぶし、小麦粉、溶き卵、パン粉の順に衣をつける。
2　ミニトマトはへたをとって横半分に切り、ボウルに入れる。レモンの絞り汁と塩少々を加えて混ぜ合わせ、しばらくおいて味をなじませる。
3　揚げ油を中温に熱し、1を入れ、きつね色にカラリと揚げる。角ザルを敷いたバットにとり、油をきる。
4　器にラムカツを盛って2をたっぷりとのせ、塩少々をふり、オレガノの葉を摘んで散らす。

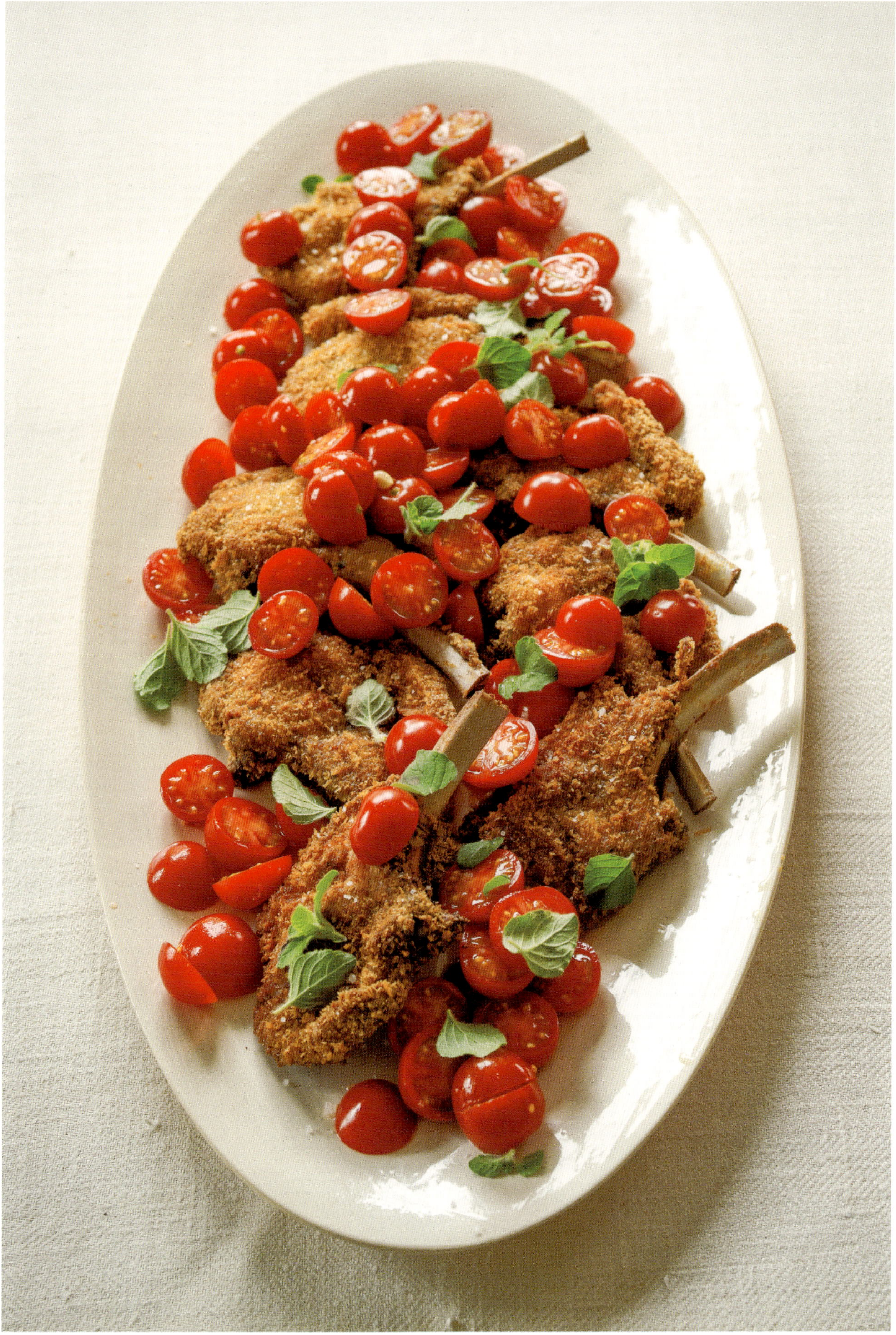

薄切りビーフカツ

作り方は 85 ページ

シーフードフライ グリーンアイオリソース

作り方は 85 ページ

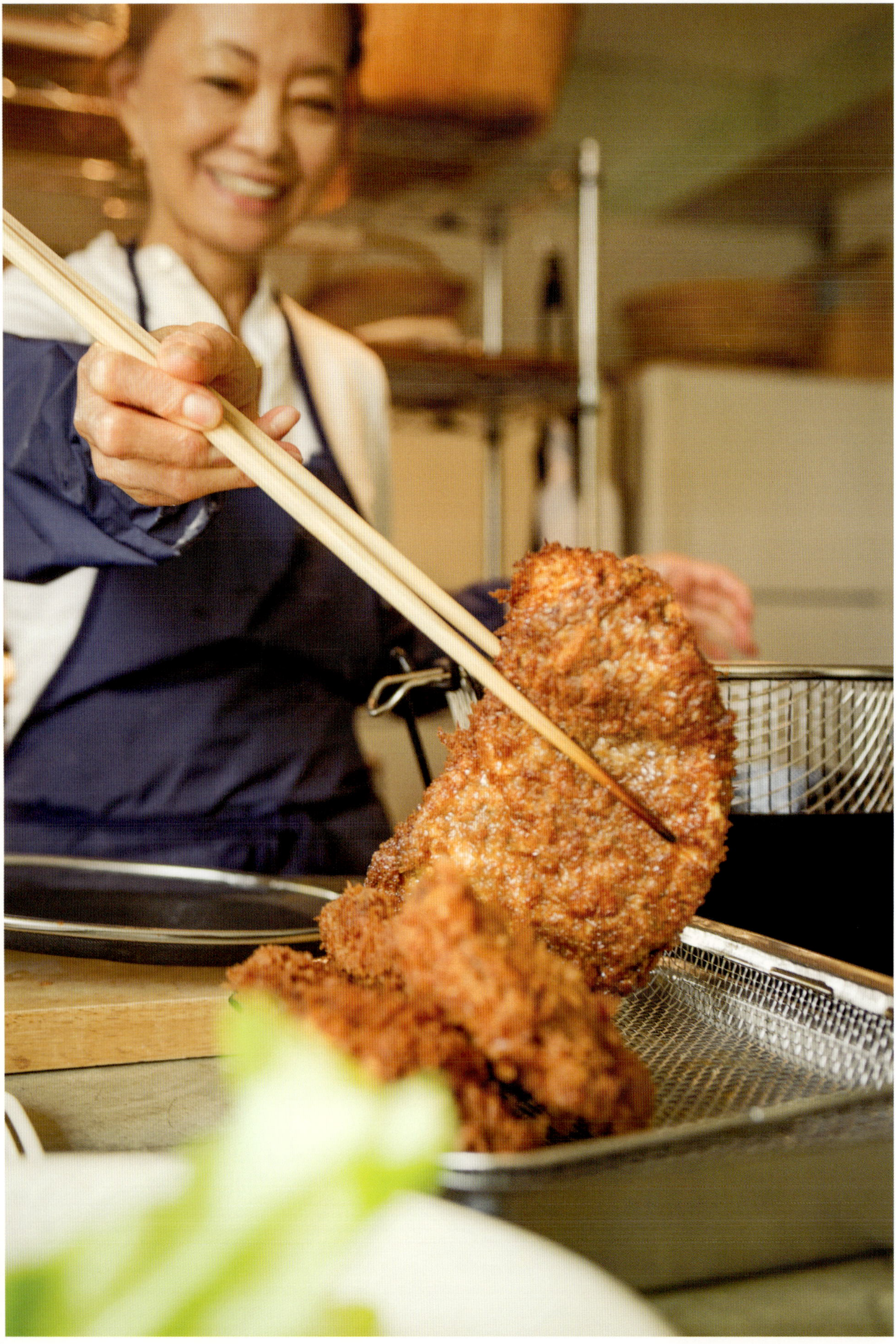

薄切りビーフカツ

牛薄切り肉に青じそをはさんで揚げた、
サクッと軽い食感の和風カツです。
青じそたっぷりがおいしさの秘密。
ご飯がすすみます。

材料・2人分
牛もも薄切り肉 6枚
青じそ 20枚
衣
⎡ 小麦粉、溶き卵、パン粉 .... 各適量
揚げ油(オリーブオイル) .... 適量
キャベツ .... 適量
好みのソース(薬膳ソースなど) .... 適量

1　牛肉は3枚1組にし、間に青じそをはさみながら重ねる。牛肉の間から青じそがはみ出ないようにする。
2　小麦粉、溶き卵、パン粉の順に衣をつけ、ざっと形を整える。
3　揚げ油を中温に熱し、2を入れ、両面こんがりとカリッと揚げる。角ザルを敷いたバットにとり、油をきる。
4　食べやすい大きさに切り分けて器に盛り、キャベツをちぎって添える。好みのソースをかける。

シーフードフライ
グリーンアイオリソース

サクッと揚がった魚介類のフライには、アイオリソースがよく合います。
ここではイタリアンパセリを加え、若草色のソースに。
イタリアンパセリのほか、あさつきやディルを使っても。

材料・5人分
帆立て貝柱 5個
さわら 3切れ
塩、こしょう .... 各少々
衣
⎡ 小麦粉、溶き卵、パン粉 .... 各適量
揚げ油(オリーブオイル) .... 適量
グリーンアイオリソース
⎡ 卵黄 1個分
　にんにく .... ½かけ
　オリーブオイル .... ⅔カップ
　塩 .... 小さじ⅔～1
　ワインビネガー 大さじ1
⎣ イタリアンパセリのみじん切り ...... 3～4枝分
レモンのくし形切り .... 適量

1　さわらは3等分のそぎ切りにする。
2　1と貝柱を角ザルを敷いたバットに入れ、塩とこしょうをふり、小麦粉、溶き卵、パン粉の順に衣をつける。
3　グリーンアイオリソースを作る。ミキサーににんにくを入れて撹拌し、みじん切りにする。卵黄を加えてさらに撹拌し、塩とワインビネガーを加え、オリーブオイルを少しずつ加えてマヨネーズ状にする。イタリアンパセリを加えてさらに撹拌し、塩で味を調える。
4　揚げ油を中温に熱し、2を入れ、両面きつね色にカラリと揚げる。角ザルを敷いたバットにとり、油をきる。
5　器に盛り、レモンとグリーンアイオリソースをたっぷりと添える。

玄米アランチーノ

アランチーノはイタリアのライスコロッケ。
オレンジという意味なので丸く作るのが鉄則です。
ここでは玄米ご飯をトマトペーストであえ、
モッツァレラチーズを中に詰めて仕上げます。
濃厚なトマトライスの味わいと
モッツァレラチーズのとり合わせが絶妙です。

材料・作りやすい分量

玄米	2カップ
トマトペースト	大さじ3
塩	少々
モッツァレラチーズ	1個
パン粉（目の細かいもの）*	適量
揚げ油（オリーブオイル）	適量

＊パン粉はフードプロセッサーで撹拌して細かくする。

1 玄米を炊く。玄米は洗って水2カップとともにカムカム鍋に入れてふたをし、圧力鍋の中に入れ、カムカム鍋の高さの半分まで水を注いで圧力鍋のふたをする。強火にかけ、シューッといったらそのまま2～3分加熱し、火を弱めて50～60分炊く。ふたに水をかけて圧力を下げ、ふたをとる。玄米を直接圧力鍋に入れて炊く場合は、水を3～4割増しにしてセットし、強火にかけてシューといったら火を弱めて35分炊き、火を止めてから15分ほどおいてふたをとる。

2 ボウルに **1** の玄米ご飯を入れ、トマトペーストと塩を加えて混ぜ合わせる。

3 モッツァレラチーズは水気をきって2cm角に切る。

4 ラップの上に **2** を適量のせ、真ん中にモッツァレラチーズをおき、ラップごとキュッと結んで丸く形作る。

5 ラップをはずして全体にパン粉をつける。

6 揚げ油を中温に熱し、**5** を静かに入れ、きつね色になってカリッとするまで揚げる。角ザルを敷いたバットにとり、油をきる。

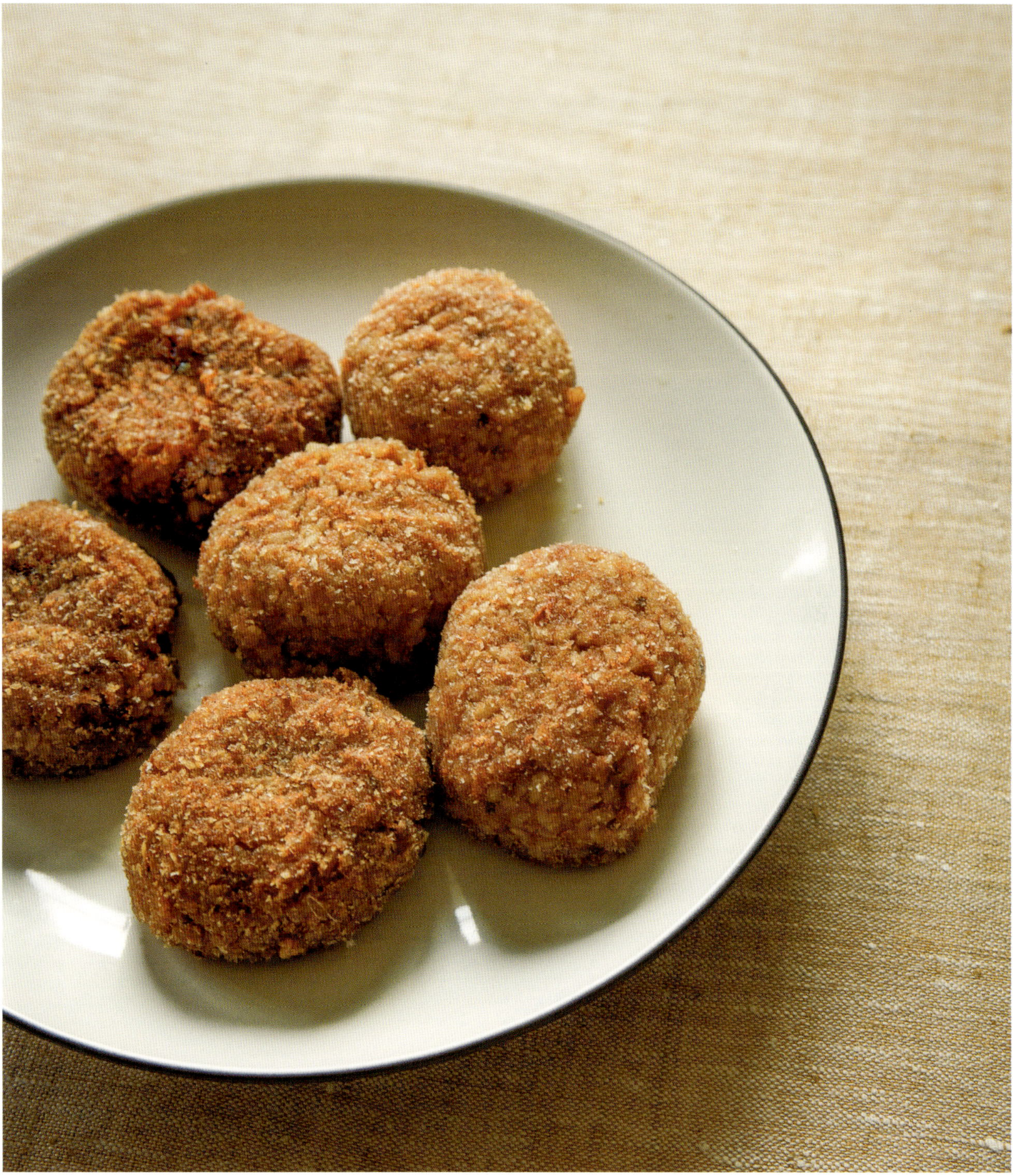

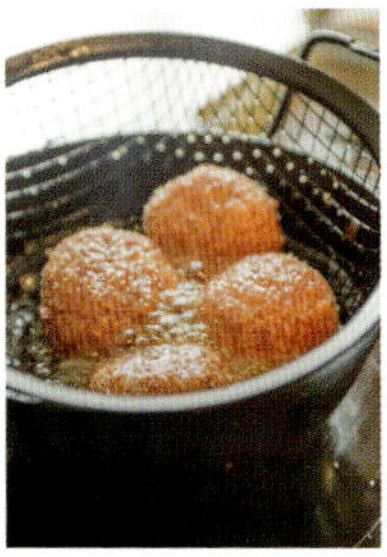

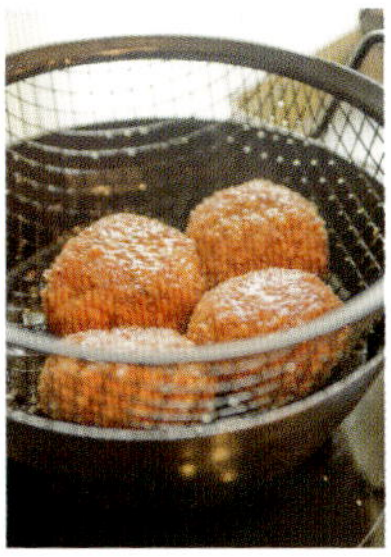

かき揚げ

かき揚げは、組み合わせる素材によっていろいろなおいしさが味わえるのが魅力。基本はたんぱく質(左ページ)と野菜(右ページ)を組み合わせます。私がよく使うのは、たんぱく質＝帆立て貝柱、えびなどの魚介類、桜えびやじゃこなどの海産乾物、かまぼこ、ひき肉など。野菜＝玉ねぎ、しいたけ、さつまいも、ごぼう、れんこん、にんじん、キャベツなど比較的水分の少ないもの、そら豆やコーンなど季節を感じるもの、青じそ、長ねぎ、春菊など香りのあるもの。組み合わせや割合は自由。野菜だけで作る場合は、数種類入れると味が複雑になっておいしくなります。

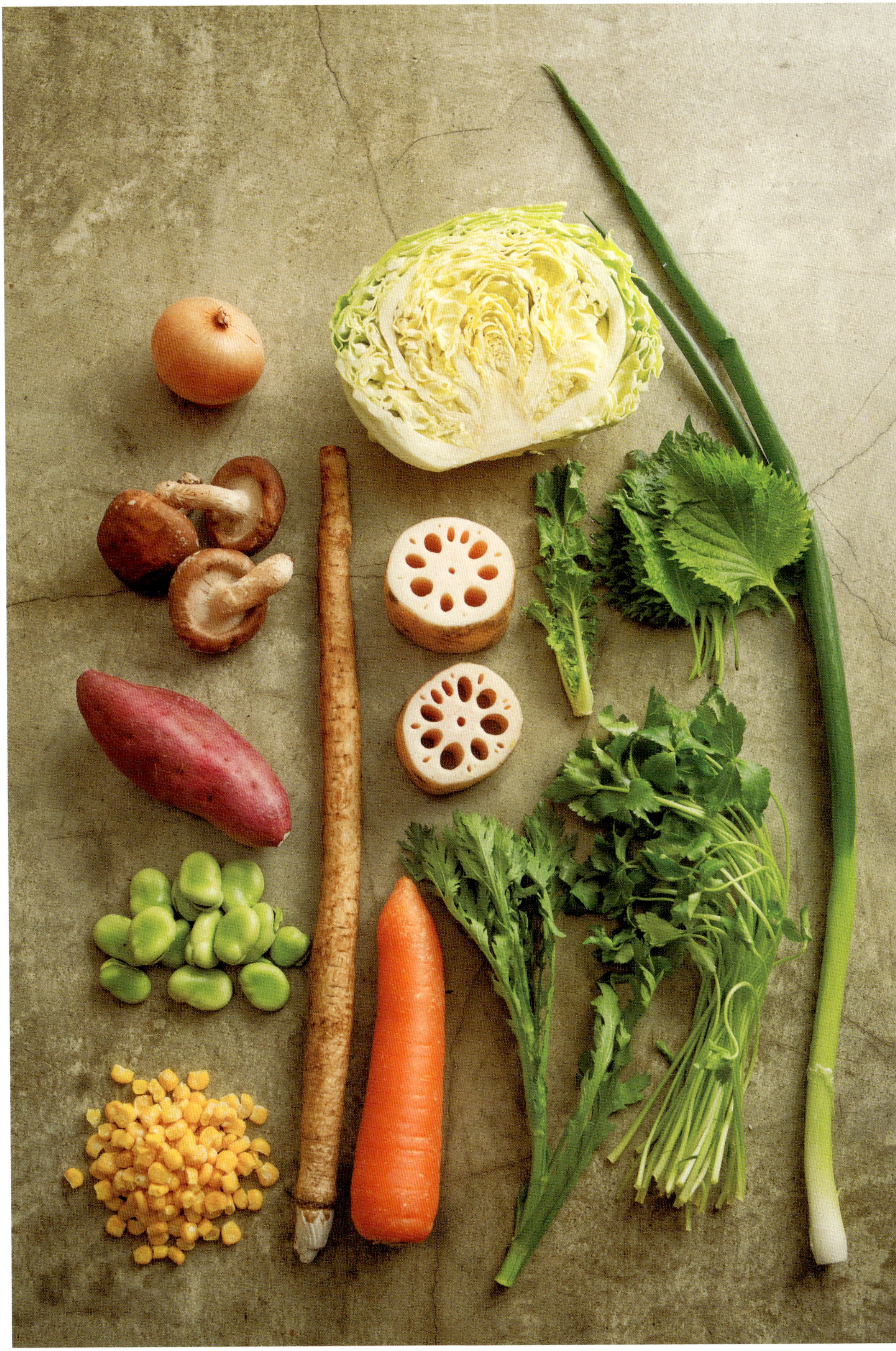

えびと三つ葉のかき揚げ

作り方は 92 ページ

貝柱とそら豆のかき揚げ

作り方は 93 ページ

えびと三つ葉のかき揚げ

我が家の年越しそばに欠かせないのが、かき揚げ天ぷら。タネはえびと三つ葉、そしてちょっと大きめサイズと決まっています。ご飯にのせて、塩と粉山椒をパラリとふっていただいてもおいしい。

材料・4人分
- えび（無頭・殻つき）……………… 8〜10尾
- 三つ葉 ……………………………………… 1束
- 小麦粉 ……………………………………… 適量
- 衣
  - 小麦粉 ………………………………… ¾カップ
  - 卵 ……………………………………… 1個
  - 冷水 …………………………………… ½カップ
- 揚げ油（ごま油）………………………… 適量
- 天つゆ（作りやすい分量）
  - だし汁 ………………………………… 2カップ
  - 酒 ……………………………………… ½カップ
  - みりん ………………………………… ½カップ
  - しょうゆ ……………………………… ⅓カップ
  - 塩 ……………………………………… 小さじ⅔
- 生そば ……………………………………… 適量

かき揚げ丼にしても…

かき揚げを適当な大きさに割り、ご飯にのせてひと混ぜし、塩と粉山椒をふっていただく。

1　天つゆを作る。鍋に酒とみりんを入れて火にかけて煮きり、しょうゆ、塩を加えてひと煮立ちさせ、だし汁を加えて再びひと煮立ちさせて火を止める。

2　えびは背ワタをとって尾と殻をむき、4等分くらいに切る。三つ葉は食べやすい長さに切る。ボウルに入れて混ぜ合わせ、小麦粉を薄くまぶす。

3　衣を作る。ボウルに冷水と卵を入れて混ぜ合わせ、小麦粉を加えてさっくりと混ぜる。2に適量加えて混ぜ合わせる。

4　揚げ油を中温に熱し、3を適量ずつ箸でまとめて静かに落とし入れる。はじめはいじらず、かたまってきたら返し、ときどき返しながらカラリと揚げる。角ザルを敷いたバットにとり、油をきる。

5　そばはたっぷりの湯でゆで、冷水でよく洗ってザルに盛る。

6　器にかき揚げを盛って天つゆを添え、5のそばとともにいただく。

貝柱とそら豆のかき揚げ

そら豆の出盛りに作りたくなる、春のかき揚げ。
ホクホクのそら豆には
やさしい食感の貝柱がよく合います。
春の色と香りを生かしたいから、
天つゆではなく、塩でいただきます。

材料・4人分

帆立て貝柱	4個
そら豆（さやをむいたもの）	100g
小麦粉	適量
衣	
┌ 小麦粉	¾カップ
│ 卵	1個
└ 冷水	½カップ
揚げ油（ごま油）	適量
塩、粉山椒	各適量

1　そら豆は薄皮をとり除く。貝柱は6等分に切る。ボウルに合わせ、小麦粉を薄くまぶす。

2　衣を作る。ボウルに冷水と卵を入れて混ぜ合わせ、小麦粉を加えてさっくりと混ぜる。1に適量加えて混ぜ合わせる。

3　揚げ油を中温に熱し、2を適量ずつスプーンですくって落とし入れる。はじめはいじらず、かたまってきたら返し、ときどき返しながらカラリと揚げる。角ザルを敷いたバットにとり、油をきる。

4　器に盛り、塩と粉山椒を添える。

いろいろ野菜のかき揚げ

冷蔵庫にある野菜を数種類組み合わせて作るから、
そのときどきで色合いや味が変わります。
どんな組み合わせでも、平たくカリッと揚げるのがコツ。
多めに作って冷凍しても。

材料・5人分

野菜（ごぼう、れんこん、さつまいも、玉ねぎ、キャベツ、
　生しいたけ、春菊など）＊ ……… 合わせて350～400g

衣
- 卵 …………………………… 1個
- 冷水 ………………………… ½カップ＋大さじ1
- 小麦粉 ……………………… 1½カップ

小麦粉 ………………………… 適量
揚げ油（ごま油）……………… 適量
大根おろし、しょうゆ、天つゆ＊＊
　………………………………… 各適量

＊使う野菜は、にんじん、なす、かぼちゃ、三つ葉、長ねぎなど好みの野菜でも。
＊＊天つゆの作り方は93ページ参照。

1 野菜はそれぞれ薄切りにし、春菊などの葉野菜は小さめのざく切りにする。

2 衣を作る。ボウルに卵を割りほぐし、分量の水を加えて混ぜる。別のボウルに小麦粉を入れ、卵液を加えてさっくりと混ぜ合わせる。

3 別のボウルに**1**の野菜の⅕量を入れ、小麦粉を薄くまぶし、**2**の衣大さじ2を加えて混ぜる。

4 揚げ油を中温に熱し、浅めのスプーンまたはヘラに**3**をのせて平たくし、すべらせるようにして油の中に入れる。はじめはいじらず、箸を真ん中に刺して穴をあけ、かたまってきたら返し、表面をたたいてカリッとするまでじっくりと揚げる。角ザルを敷いたバットにとり、油をきる。残りも同様にして揚げる。

6 器に盛り、大根おろし＋しょうゆ、または天つゆを添える。

多めに作って冷凍しておきます

いろいろ野菜のかき揚げをひとつずつラップに包み、保存容器に平らに入れ、冷凍庫へ。

冷凍かき揚げを使って、かき揚げうどん

ゆでたうどんを器に盛り、温かいめんつゆを注ぎ入れ、冷凍かき揚げをめんつゆにさっと浸してのせる。長ねぎの小口切りを添え、七味唐辛子をふる。揚げたてとまったく同じとはいかないが、温かいうどんやそば、卵とじなどにするのなら、冷凍していたかき揚げでも十分おいしい。

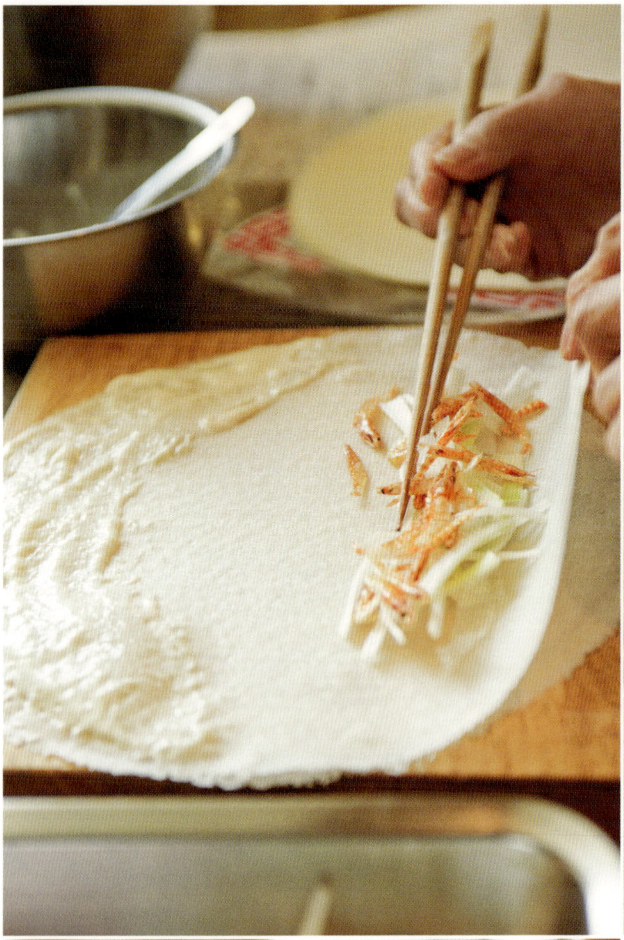
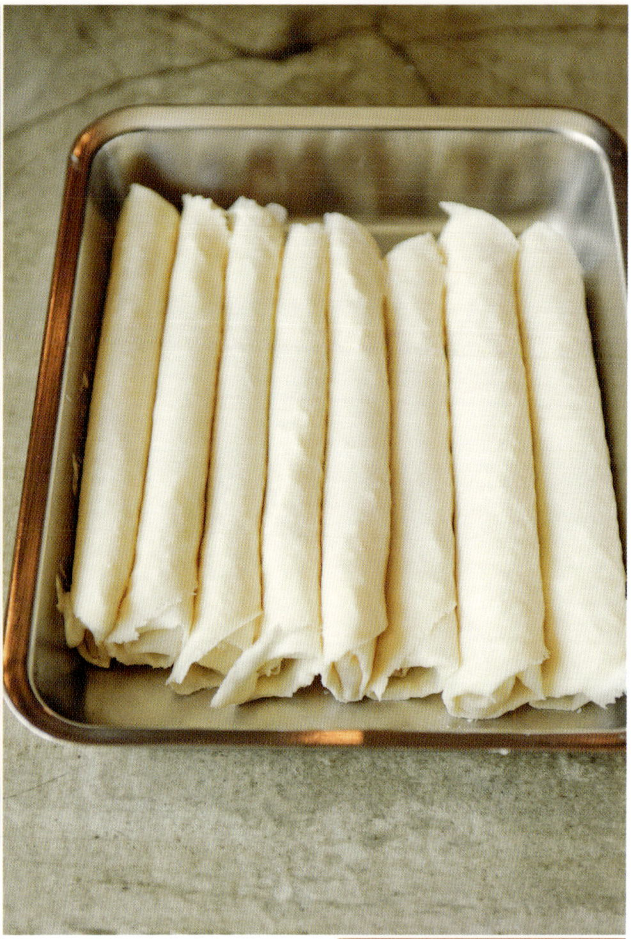
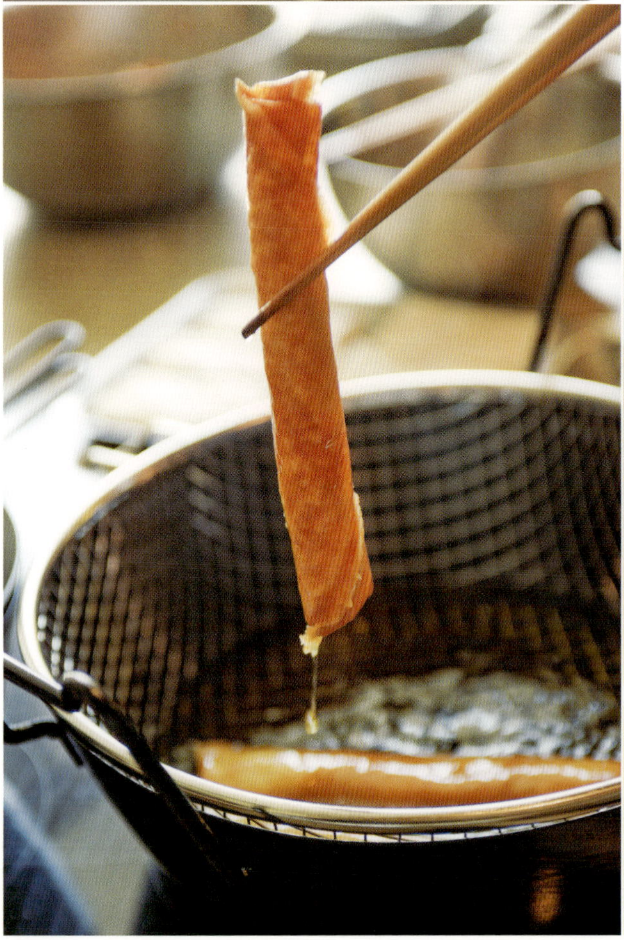
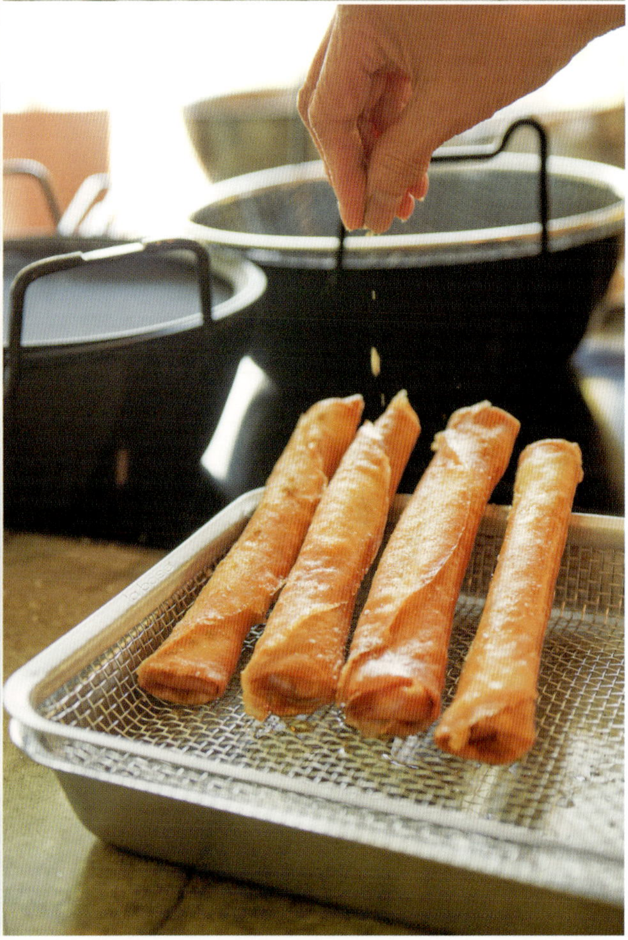

桜えびと長ねぎの春巻

桜えびはそのまま、長ねぎも細切りにするだけ。
これを春巻の皮で巻いて揚げる、超簡単メニュー。
桜えびと長ねぎの香り、
パリパリッ、サクサクッの軽さが人気です。

材料・作りやすい分量
桜えび	60g
長ねぎ	1本
春巻の皮	10枚
水溶き小麦粉*	適量
揚げ油（オリーブオイルまたはごま油）	適量
塩	少々
カイエンペッパー	少々

＊小麦粉を同量より少なめの水で溶く。

1 長ねぎは4〜5cm長さの細切りにする。
2 春巻の皮に1の1/10量と桜えびの1/10量をのせ、巻き終わりの部分に水溶き小麦粉をぬり、手前から細長く巻いていく。巻き終わりはしっかりと留める。
3 揚げ油を中温に熱し、2を入れ、きつね色にパリッと揚げる。角ザルを敷いたバットにとり、油をきる。
4 熱いうちに塩とカイエンペッパーをふる。

かきの春巻

パリパリッ、サクサクッ、中のかきはぷっくら。
ポイントは、かきをあらかじめゆでておき、
水分をとってから包むこと。
かきフライとはまた違ったおいしさで、
リクエストの多い1品です。

材料・作りやすい分量
かき	大10粒
春巻の皮(小さめのもの)＊	10枚
水溶き小麦粉＊＊	適量
揚げ油(オリーブオイルまたはごま油)	適量
長ねぎ	1本
練り辛子、しょうゆ	各適量

＊小さめのものがない場合は、普通サイズのものを半分に切って使う。
＊＊小麦粉を同量より少なめの水で溶く。

1 かきは目の粗いザルに入れて塩ひとつかみ(分量外)をふり、ふり洗いしてから流水で洗い、ペーパータオルにのせて水気をきる。塩少々(分量外)を加えた熱湯で10秒ほどゆで、ペーパータオルではさんで水気をとる。

2 長ねぎは斜め薄切りにし、氷水に放してパリッとさせ、ペーパータオルの上にのせて水気をとる。

3 春巻の皮にかき1粒をのせ、巻き終わりの部分に水溶き小麦粉をぬり、手前から巻いていく。巻き終わりはしっかりと留める。

4 揚げ油をやや低めの中温に熱し、**3**を入れ、きつね色にパリッと揚げる。角ザルを敷いたバットにとり、油をきる。

5 器に盛り、長ねぎ、練り辛子、しょうゆを添える。

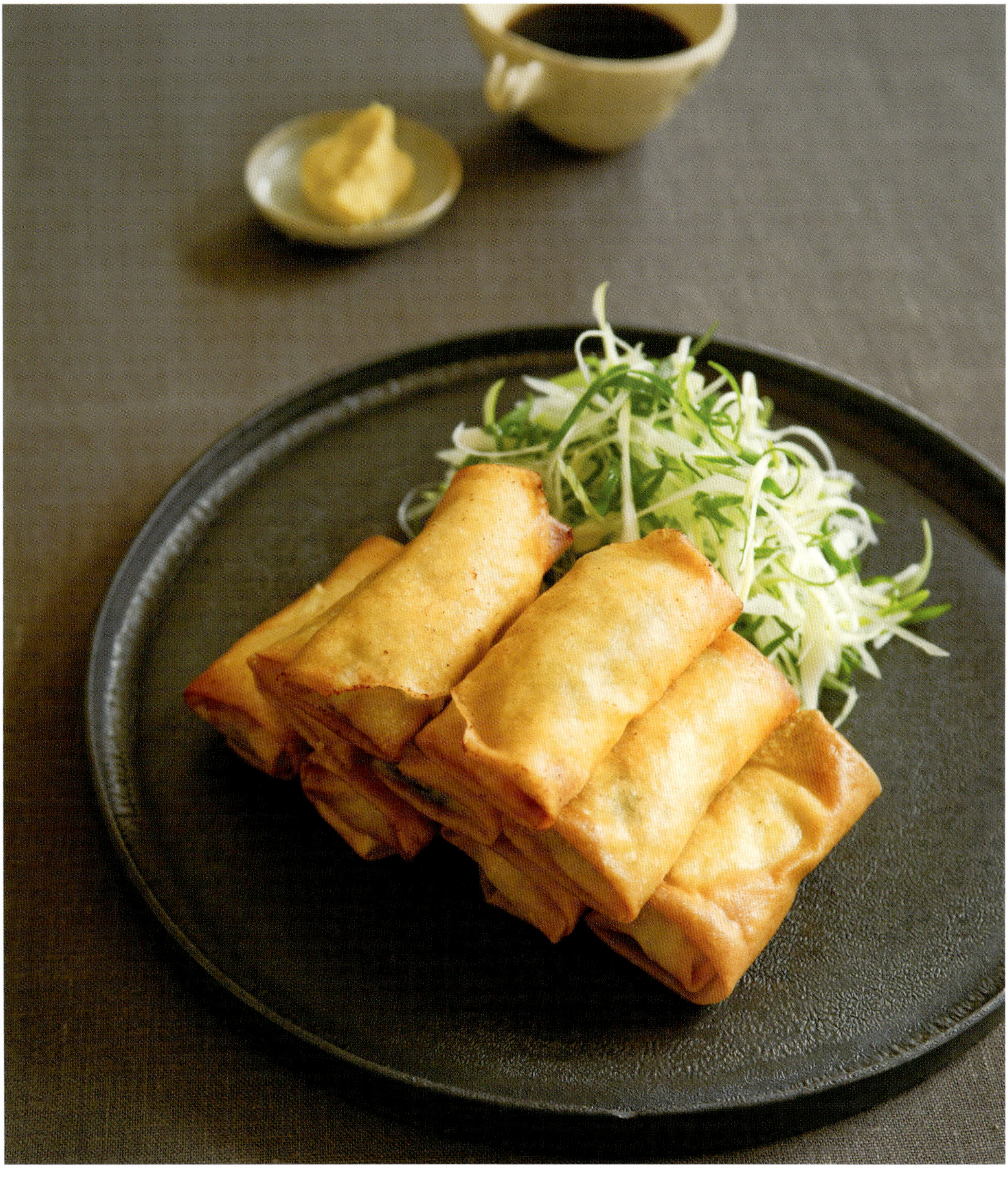

ベトナム風ごちそう春巻

豚肉、かに、里芋、春雨……、いろいろな味が混じり合った餡は
なんともいえないおいしさ。さらにえびを1尾入れて
春巻の皮でクルッと巻いて、ちょっと贅沢に仕上げます。
葉っぱに包んでヌクチャムをつけて、手づかみでほおばって下さい。

材料・作りやすい分量

豚バラ薄切り肉	100g
かに	正味120g
春雨（乾燥）	20g
里芋	2個
長ねぎ	½本
しょうが	1かけ
にんにく	1かけ
えび（無頭・殻つき）	10尾
ヌクマム	少々
粗びき黒こしょう	適量
春巻の皮（小さめのもの）＊	10枚
水溶き小麦粉＊＊	適量
揚げ油（オリーブオイルまたはごま油）	適量
レタス類（サニーレタスやプリーツレタス）	適量
バジル、青じそ、香菜、ミント	各適量
ヌクチャム（44ページ参照）	適量

＊小さめのものがない場合は、普通サイズのものを半分に切って使う。
＊＊小麦粉を同量より少なめの水で溶く。

1 豚肉は包丁でたたいてミンチにする。かにはほぐし、春雨はぬるま湯につけて戻し、水気をきって食べやすい長さに切る。里芋はせん切りにし、長ねぎ、しょうが、にんにくはみじん切りにする。

2 ボウルに**1**を入れ、ヌクマム、こしょうを加えて手でよく練り混ぜる。

3 えびは背ワタをとり、尾を残して殻をむく。

4 春巻の皮の中央に斜めに**2**を適量のせ、その上に**3**のえびをのせる。えびの尾と反対側の皮を内側に折りたたみ、右側の皮も折りたたむ。左側の皮に水溶き小麦粉をつけてクルッと巻き、えびの尾が出るように包み込む。

5 揚げ油を低温に熱し、**4**を巻き終わりを下にして入れ、徐々に温度を上げながらきつね色にパリッと揚げる。角ザルを敷いたバットにとり、油をきる。

6 器に盛り、レタス類、バジル、青じそ、香菜、ミントを添える。レタス類に春巻、バジル、青じそ、香菜、ミントをのせて包み、ヌクチャムをつけていただく。

101

卵をまとった和風春巻

卵の衣にくぐらせて揚げると、しっとりやわらかく、フワッとしたやさしい感じ。
鶏ささ身のほか、えびやかにを使っても。

材料・作りやすい分量

鶏ささ身	4本

鶏ささみの下味

塩、酒	各少々
春巻の皮（小さめのもの）＊	5枚
水溶き小麦粉＊＊	適量
溶き卵	1個分
揚げ油（オリーブオイルまたはごま油）	適量
万願寺唐辛子	5本
塩	適量

＊小さめのものがない場合は、普通サイズのものを半分に切って使う。
＊＊小麦粉を同量より少なめの水で溶く。

1 ささ身は4等分のそぎ切りにし、塩と酒をふって下味をつける。

2 春巻の皮に **1** を3切れほどのせ、巻き終わりの部分に水溶き小麦粉をぬり、手前から長方形に平たく包む。巻き終わりはしっかりと留める。

3 揚げ油を中温に熱し、万願寺唐辛子に竹串などで穴をあけ、揚げる。角ザルを敷いたバットにとり、油をきり、塩をふる。

4 **3**の揚げ油に、**2**を溶き卵にくぐらせてから入れ、きつね色になるまで揚げる。角ザルを敷いたバットにとり、油をきり、熱いうちに塩をふる。

5 器に **4** を盛り、**3** を添える。

バナナの春巻 あんずソース

バナナを春巻の皮で包んで揚げた、簡単おやつ。
ひと口ほおばるとバリッ、中はとろりとした甘いバナナ。
甘酸っぱい自家製あんずソースでいただきます。

材料・8個分

モンキーバナナ	8本
春巻の皮	4枚
水溶き小麦粉*	適量
揚げ油(オリーブオイル)	適量

あんずソース**
干しあんず	150g
グラニュー糖	80g
グランマルニエまたはコアントロー	大さじ1〜2

*小麦粉を同量より少なめの水で溶く。
**あんずジャム(市販)にグランマルニエまたはコアントローを加えてもよい。

1 あんずソースを作る。鍋に干しあんずとグラニュー糖を入れ、水をひたひたに注ぎ、弱火で20分ほど煮る。干しあんずがやわらかくなったらつぶし、少し煮詰めてとろりとさせ、火を止めてグランマルニエを加えて香りをつける。

2 モンキーバナナは皮をむく。

3 春巻の皮を半分に切り、**2**を1本のせ、手前からきっちりと巻いていく。巻き終わりの部分に水溶き小麦粉をぬり、しっかりと留める。

4 揚げ油を中温に熱し、**3**を入れ、きつね色にパリッと揚げる。角ザルを敷いたバットにとり、油をきる。

5 器に盛り、あんずソースをかける。

材料・3人分
玄米餅 ……………………………………… 3個
揚げ油（オリーブオイル）………………… 適量
大根おろし ………………………………… 適量
しょうゆ …………………………………… 適量

1　玄米餅は半分に切る。
2　揚げ油を中温に熱し、1を入れ、きつね色になってぷっくらとするまで揚げる。角ザルを敷いたバットにとり、油をきる。
3　器に盛り、大根おろしをのせ、しょうゆをかける。

揚げ餅のおろしじょうゆ

大根おろしとしょうゆでいただく、我が家の定番。
玄米餅は揚げると香ばしく、食欲をそそります。
お正月のお餅が残ったときに作っても。

材料・3人分
玄米餅 ………………………………………… 3個
揚げ油（オリーブオイル） ………………………… 適量
メープルシロップ ……………………………… 適量

1 玄米餅は半分に切る。
2 揚げ油を中温に熱し、1を入れ、きつね色になってぷっくらとするまで揚げる。角ザルを敷いたバットにとり、油をきる。
3 器に盛り、熱いうちにメープルシロップをかける。

揚げ餅のメープルシロップがけ

香ばしい玄米餅にメープルシロップをかけただけの、シンプルなおやつ。
メープルシロップは、すっきりとした甘さの
エキストラライトを使います。

ふんわりドーナツ メープル風味

作り方は 108 ページ

かぼちゃのドーナツ シナモン風味

作り方は 109 ページ

ふんわりドーナツ メープル風味

ドーナツ生地にメープルシュガーを入れ、
仕上げにもメープルシュガーをまぶした、特製ドーナツ。
メープルならではの、上品でやさしい味わいが魅力です。

材料・作りやすい分量

強力粉	200g
ドライイースト	3g
メープルシュガー（パウダータイプ）	小さじ1
塩	ひとつまみ
バター（食塩不使用）	30g
卵水（卵1個＋水）	140ml
揚げ油（オリーブオイル）	適量
メープルシュガー（パウダータイプ）	適量

1　ボウルに強力粉、ドライイースト、メープルシュガー、塩を入れて混ぜ合わせる。

2　バターは室温に戻してやわらかくする。

3　1の中央を凹ませ、2のバター、卵水を加え、手でこねる。なめらかになったらひとつにまとめ、ラップをして温かい場所で1時間ほど発酵させる。

4　3倍くらいの大きさになったら丸め直してガス抜きをし、打ち粉（強力粉または薄力粉。分量外）をした台の上にとり出す。

5　めん棒で1cmくらいの厚さにのばし、ドーナツ型で（または大きいクッキー型と小さいクッキー型を組み合わせて）抜く。抜いたあとの生地もいっしょに揚げるのでとっておく。

6　揚げ油を中温に熱し、5を入れ、ゆっくりと揚げる。油をきって全体にメープルシュガーをまぶす。

かぼちゃのドーナツ シナモン風味

見た目は焦げ茶色、ひと口ほおばると、中はきれいなかぼちゃ色。
かぼちゃの香りがほんのりして、素朴なおいしさ。
さっくりと仕上げるポイントは、かぼちゃが冷めてから卵や粉を加えること、
生地をこねないようにして混ぜることです。

材料・作りやすい分量
かぼちゃ	½個
卵	4〜5個
メープルシロップ	適量
小麦粉	2カップ
ベーキングパウダー	小さじ2
揚げ油（オリーブオイル）	適量
シナモンシュガー＊	適量

＊シナモンパウダーとグラニュー糖を適量ずつ混ぜ合わせる。

1 かぼちゃは種とワタをとって乱切りにし、皮をむく。ペーパータオルを敷いた耐熱皿にのせてラップをし、電子レンジで加熱してやわらかくする。フードプロセッサーで撹拌してつぶし、ボウルなどに移して冷ます。

2 小麦粉とベーキングパウダーは合わせておく。

3 1のボウルに卵を加えて混ぜ、メープルシロップを少しずつ加えてなめらかなペースト状にする。

4 3に2をふるいながら加え、外から内側に向かってヘラを使って合わせていき、こねないようにして混ぜ合わせる。まとまるギリギリで止める。

5 打ち粉（小麦粉。分量外）をした台の上に4を移してなめこ形にし、2cm幅に切る。半量はそのまま、残り半量は丸くまとめる。

6 揚げ油を中温に熱し、5を入れ、ゆっくりと揚げる。油をきって全体にシナモンシュガーをまぶす。

食べたい食材で探すindex

野菜

青じそ
薄切りビーフカツ ..... 82・85
アスパラガス
さばの竜田揚げ 54
アルファルファ
揚げアルファルファ&ナッツのせ冷奴 ..... 28・31
オクラ
細切り野菜のフリット 14
揚げ野菜とひき肉のカレー&玄米ご飯 24
かぼちゃ
揚げかぼちゃのガーリック風味 18
夏野菜の揚げびたし&そうめん 22
かぼちゃのドーナツ シナモン風味 ..... 107・109
キャベツ
キャベツメンチ 74
カツサンド 78
いろいろ野菜のかき揚げ 94
ごぼう
あじとごぼうのさつま揚げ 65
いろいろ野菜のかき揚げ 94
ゴーヤ
ゴーヤと桜えびのチップス 27
さつまいも
さつまいもの丸ごと揚げ 26
いろいろ野菜のかき揚げ 94
里芋
えびと里芋のさつま揚げ 67
ベトナム風ごちそう春巻 100
さやいんげん
細切り野菜のフリット 14
揚げさやいんげんのおかかじょうゆ 20
夏野菜の揚げびたし&そうめん 22
しいたけ
きのこの豚肉巻きフライ 76
いろいろ野菜のかき揚げ 94
じゃがいも
じゃがいものフリット4種 16
じゃがいものコロッケ ..... 70・72
春菊
いろいろ野菜のかき揚げ 94
新しょうが
夏野菜の揚げびたし&そうめん 22
セロリ
いわしのカレー風味マリネ ..... 57・59

そら豆
そら豆のコロッケ ..... 71・73
貝柱とそら豆のかき揚げ ..... 91・93
玉ねぎ・新玉ねぎ・紫玉ねぎ
揚げ野菜とひき肉のカレー&玄米ご飯 24
豆あじの南蛮漬け ..... 56・58
いわしのカレー風味マリネ ..... 57・59
いろいろ野菜のかき揚げ 94
トマト・ミニトマト
ブロッコリーとミニトマトのフリット 12
ラムカツ ミニトマトといっしょに 80
長ねぎ
揚げかまぼこと長ねぎのあえもの 37
桜えびと長ねぎの春巻 96
かきの春巻 98
なす
夏野菜の揚げびたし&そうめん 22
揚げ野菜とひき肉のカレー&玄米ご飯 24
なすのひき肉詰め 揚げびたし 42
にんじん
細切り野菜のフリット 14
いわしのカレー風味マリネ ..... 57・59
にんにく
揚げかぼちゃのガーリック風味 18
パプリカ
揚げ野菜とひき肉のカレー&玄米ご飯 24
ピーマン
夏野菜の揚げびたし&そうめん 22
ブロッコリー
ブロッコリーとミニトマトのフリット 12
万願寺唐辛子
卵をまとった和風春巻 102
三つ葉
えびと三つ葉のかき揚げ ..... 90・92
れんこん
ひき肉詰めれんこんの素揚げ 21
いろいろ野菜のかき揚げ 94

肉

牛肉
薄切りビーフカツ ..... 82・85
鶏肉
手羽先のひき肉詰め ごま揚げ 46
鶏のバリバリ 48
鶏のから揚げ 50
鶏手羽、砂肝、ハツのから揚げ にんにくじょうゆあえ 52
卵をまとった和風春巻 102
豚肉
揚げ豚 38
きのこの豚肉巻きフライ 76

カツサンド 78
ベトナム風ごちそう春巻 100
ラム
ラムカツ ミニトマトといっしょに 80
ひき肉
揚げさやいんげんのおかかじょうゆ 20
揚げ野菜とひき肉のカレー&玄米ご飯 24
シンプル肉団子 40
なすのひき肉詰め 揚げびたし 42
レモングラスのひき肉詰め揚げ 44
手羽先のひき肉詰め ごま揚げ 46
キャベツメンチ 74

魚介
あじ・豆あじ
豆あじの南蛮漬け ..... 56・58
あじとごぼうのさつま揚げ 65
いか
いかのから揚げ ベトナム風 62
いかのさつま揚げ 68
いわし
いわしのカレー風味マリネ ..... 57・59
えび
レモングラスのひき肉詰め揚げ 44
えびのから揚げ 甘酢ソース 60
えびと里芋のさつま揚げ 67
えびと三つ葉のかき揚げ ..... 90・92
ベトナム風ごちそう春巻 100
かき
かきの春巻 98
かに
レモングラスのひき肉詰め揚げ 44
手羽先のひき肉詰め ごま揚げ 46
ベトナム風ごちそう春巻 100
さば
さばの竜田揚げ 54
さわら
シーフードフライ グリーンアイオリソース ..... 83・85
帆立て貝柱
シーフードフライ グリーンアイオリソース ..... 83・85
貝柱とそら豆のかき揚げ ..... 91・93

海産加工品・乾物
かまぼこ
揚げかまぼこと長ねぎのあえもの 37
桜えび
ゴーヤと桜えびのチップス 27
桜えびと長ねぎの春巻 96
じゃこ
カリカリじゃこのパスタ ..... 29・31

卵・豆腐
卵
揚げ卵のしょうゆがらめ 36
豆腐
アルファルファ、ナッツ、じゃこの素揚げ 30
揚げ豆腐 山椒風味 32
揚げ出し豆腐 34

チーズ・ナッツ
チーズ
そら豆のコロッケ ..... 71・73
玄米アランチーノ 86
松の実
揚げアルファルファ&ナッツのせ冷奴 ..... 28・31

果物
バナナ
バナナの春巻 あんずソース 103
干しあんず
バナナの春巻 あんずソース 103

ご飯・めん・パン・餅
玄米ご飯
揚げ野菜とひき肉のカレー&玄米ご飯 24
玄米アランチーノ 86
そうめん
夏野菜の揚げびたし&そうめん 22
パスタ
カリカリじゃこのパスタ ..... 29・31
パン
カツサンド 78
餅
揚げ餅のおろしじょうゆ 104
揚げ餅のメープルシロップがけ 105

その他
小麦粉
ふんわりドーナツ メープル風味 ..... 106・108
かぼちゃのドーナツ シナモン風味 ..... 107・109
春雨
ベトナム風ごちそう春巻 100
春巻の皮
桜えびと長ねぎの春巻 96
かきの春巻 98
ベトナム風ごちそう春巻 100
卵をまとった和風春巻 102
バナナの春巻 あんずソース 103

有元葉子　Yoko Arimoto

素材の持ち味を生かし、余分なものを入れない引き算の料理が人気。
自分が本当によいと思える食材と調味料を使い、心と体が納得するシンプルなおいしさを追求。
東京・田園調布で料理教室「cooking class」を主宰し、自由な発想でレッスンを行う。
料理教室と同じ建物にある「shop281」では、毎日の料理作りに欠かせない、まっとうでおいしい調味料や油が揃う。
www.arimotoyoko.com

アートディレクション	昭原修三
デザイン	植田光子（昭原デザインオフィス）
撮影	竹内章雄
スタイリング	千葉美枝子
編集	松原京子
プリンティングディレクター	栗原哲朗（図書印刷）

有元葉子の揚げもの
家で作ってこそ、まっとうでおいしい

2014年7月25日　第1刷発行
2014年8月8日　第2刷発行

著　者　有元葉子
発行者　川畑慈範
発行所　東京書籍株式会社
　　　　東京都北区堀船2-17-1　〒114-8524
電話　03-5390-7531（営業）　03-5390-7508（編集）
印刷・製本　図書印刷株式会社

Copyright © 2014 by Yoko Arimoto
All Rights Reserved.
Printed in Japan
ISBN978-4-487-80870-0 C2077
乱丁・落丁の際はお取り替えさせていただきます。
本書の内容を無断で転載することはかたくお断りいたします。